EL NIÑO DEL ESTABLO DE AUSCHWITZ

EL NIÑO DEL ESTABLO DE AUSCHWITZ

Una historia conmovedora de coraje y supervivencia

HENRY OSTER
Y DEXTER FORD

Planeta

Título original: *The stableboy of Auschwitz*

Primera edición por: Bookouture
Henry Oster y Dexter Ford hacen valer su derecho a ser identificados como autores de esta obra conforme a la Convención Universal sobre Derecho de Autor.

Publicado en Gran Bretaña en 2023 por Thread, un sello de Storyfire Ltd.

Fotoarte realizado a partir de imágenes de © iStock
Diseño de Portada: Planeta Arte y Diseño / La fe ciega / Domingo Martínez
Traducido por: Susana Olivares
Formación: Alejandra Romero

Bajo el sello editorial PLANETA M.R.
Avenida Presidente Masarik núm. 111,
Piso 2, Polanco V Sección, Miguel Hidalgo
C.P. 11560, Ciudad de México
www.planetadelibros.com.mx

Primera edición en formato epub: octubre de 2024
ISBN: 978-607-39-2110-7

Primera edición impresa en México: octubre de 2024
ISBN: 978-607-39-2025-4

Impreso en los talleres de Litográfica Ingramex, S.A. de C.V.
Centeno núm. 162-1, colonia Granjas Esmeralda, Ciudad de México
Impreso y hecho en México — *Printed and made in Mexico*

Dedico el presente libro a la memoria de mis padres, Hans Isidor Oster y Elisabeth Haas Oster, así como a la memoria de los 12 millones de víctimas inocentes, incluidos los seis millones de judíos, 1.5 millones de niños y 16 miembros de mi propia familia, quienes fallecieron a causa de la atrocidad alemana durante la Segunda Guerra Mundial.

También se lo dedico a Ivar Segalowitz, mi mejor amigo en este mundo, desde el día en que chocamos codos en uno de los estantes de madera de las barracas del campo de concentración de Buchenwald en 1945, y hasta su triste deceso en 2014.

Nos encontramos cuando ya no teníamos nada más que perder.

HENRY OSTER,
Woodland Hills, California,
31 de julio de 2014

ÍNDICE

INTRODUCCIÓN

LA CREACIÓN DE ESTE LIBRO comenzó en el consultorio de optometría del doctor Henry Oster en Beverly Hills. Yo era uno de sus muchos pacientes y, por cierto, uno muy latoso.

Cuando él me hacía lentes, pares y pares de ellos, yo siempre encontraba algún pretexto para quejarme de la graduación. Si ya habíamos acordado que mi ojo derecho necesitaba una corrección para astigmatismo en cierto ángulo, tan pronto como los lentes estaban listos, yo quería que les hiciera un ajuste ligeramente distinto. En una ocasión, ya desesperado, me dio un viejo par de armazones de prueba; lentes ajustables antiquísimos de aspecto inusual que me permitían cambiar la orientación de las micas a mi antojo.

Empecé como uno de sus pacientes, pero pronto me convertí en su amigo. Tenía curiosidad por conocer el funcionamiento de todo, y a Henry, que era maestro por naturaleza, le encantaba explicármelo. En ocasiones, las citas, que con cualquier otro optometrista habrían durado diez minutos, se prolongaban por horas en las que los dos platicábamos de todo mientras su personal trataba de tranquilizar a los demás pacientes.

Terminé por incorporarme a sus famosas comidas en el piso de abajo, en el restaurante Nibblers, en Wilshire Boulevard, donde me uní a la siempre cambiante lista de amigos y pacientes sobre la que Henry presidía. Me lleva 25 años, pero siempre me encantaron su energía y su contagiosa alegría de estar vivo.

Henry parecía enfrentar cada nuevo día como si se tratara de un regalo inesperado: estaba decidido a disfrutarlo todo y a convencer a quienes lo rodearan de hacer lo mismo. Era —y sigue siendo— divertidísimo estar con él.

Un día, mientras intentaba sin éxito ajustar un nuevo par de lentes para mí, noté un descolorido y torcido tatuaje color azul negruzco sobre su antebrazo izquierdo.

B7648

—¿De dónde salió eso, Henry? —le pregunté.

Esta es la historia del origen de aquel tatuaje y de cómo, a pesar de probabilidades incomprensibles, después de perder casi todo lo que un ser humano puede perder, Henry Oster sobrevivió para contar su historia.

DEXTER FORD,
Manhattan Beach, California,
julio de 2014

1

UN NIÑO ALEMÁN

HACE MUCHO TIEMPO, fui un niño alemán de 5 años: Heinz Adolf Oster.

Era un pequeño inquisitivo y enérgico con una melena negra, una dosis doble de curiosidad y una capacidad casi nula para permanecer quieto durante cualquier cantidad de tiempo.

Uno de mis primeros recuerdos de la infancia es el de caminar por las banquetas bordeadas de árboles en Colonia, la majestuosa e histórica ciudad alemana en la que vivía, para acompañar a mi padre a votar en las elecciones nacionales de 1933. Por supuesto, esas elecciones fueron las que permitieron que Adolf Hitler y el Partido Nacional Socialista, los nazis, se quedaran con el poder en Alemania.

No tenía idea de lo relevante que sería ese día ni de las consecuencias de aquellas elecciones. Nadie lo sabía; quizá ni el mismo Hitler. Pero recuerdo que mi padre, Hans Isidor Oster, me tomó de la mano cuando salimos del departamento para caminar por la calle hacia la casilla electoral.

Mi padre era alto, serio, delgado y muy respetado; la gente en la calle lo reconocía, le sonreía y los caballeros inclinaban sus sombreros cuando pasaba. Sus amistades se agachaban para verme a mí, su pequeñito, vestido como un diminuto *lord* inglés para nuestra aventura. Recuerdo que mi padre fumaba cigarros constantemente; esto parecía convertirlo en alguien más sofisticado, más maduro y más importante.

Salir a solas con mi padre era un placer inusual. Él era gerente de varias tiendas departamentales pequeñas y solía estar muy ocupado, de modo que yo pasaba más tiempo con mi madre que con él.

Recuerdo que después de salir de la casilla, me llevó a una tienda de dulces para comprar *schlagsahne,* crema batida sabor vainilla, que era el equivalente a ir por un helado hoy en día. Me sentí muy feliz. Fue un día importante para mí.

Yo era hijo único. Vivía con mi madre y mi padre en aquella elegante y cosmopolita ciudad del oeste de Alemania. A Colonia se le conoce por su antigua catedral gótica, la Dom, con sus torres gemelas de mampostería como de encaje que parecen erguirse varios kilómetros sobre la ciudad.

Aunque no asistíamos a los servicios en la Dom, que era católica, éramos una buena familia alemana. Mi padre era veterano del ejército alemán, la *Wehrmacht.* Al igual que millones de hombres alemanes, peleó en la Gran Guerra, la Primera Guerra Mundial. Fue herido en batalla: tenía una cicatriz en la mejilla a causa de un fragmento de munición durante un ataque de artillería. Recibió una medalla al valor. No tenía ninguna razón para no luchar por su país; fuera correcto o incorrecto, peleó en defensa de su patria, como lo habría hecho cualquier otro buen alemán.

Heinz (Henry) Oster, de 5 años, con su padre, Hans Isidor Oster, en Colonia, Alemania, 1933. Foto: Henry Oster Archive.

Lo único que nos diferenciaba era que éramos judíos. En ese momento, eso no significaba gran cosa para mí. Solo percibía una diferencia entre los niños alemanes que conocía y yo: mientras ellos asistían a misa los domingos, yo acudía con mi familia a la sinagoga cada viernes por la noche. Además, estudiaba en una escuela alemana judía, en la que nos enseñaban hebreo junto con todas las materias comunes y corrientes. Sin embargo, no tenía ninguna impresión de que fuéramos diferentes, ni mejores ni peores que cualquier otra familia alemana.

Era una vida normal y cómoda. No era sino un niño alemán inquieto que tenía una agradable familia y que vivía en una ajetreada ciudad germana. Sin embargo, cuando Hitler y los nazis llegaron al poder, que fue la misma época en la que tuve la edad suficiente para empezar a entender lo que estaba pasando a mi alrededor, todo comenzó a desmoronarse.

La primera vez que sentí que algo andaba mal, que me vi señalado, diferente y perseguido, fue el primer día de clases de 1934.

Como cualquier otro chico, estaba asustado y un poco aprehensivo. Ya tenía 6 años y, por primera vez en mi vida, estuviera listo o no, iba a salir al mundo desconocido, alejado de mi madre y de mi padre.

Mis papás me acompañaron a la escuela; con gran seriedad, llevaba una pequeña mochila de cuero que contenía un pequeño pizarrón, un trozo de gis atado a una cuerda y una esponja que serviría como borrador. Traía puestos unos *shorts*, calcetas y un sombrero tipo boina que me identificaba como alumno del primer año.

Al igual que todos los demás niños, llevaba un enorme cono de cartón que mis padres me dieron. Parecía un megáfono o una especie de sombrero de burro y estaba lleno de toda serie de cosas maravillosas, dulces y juguetitos. Era una tradición alemana mandar a los niños a su primer día de escuela con uno de estos. Lo llamábamos *zuckertüte* o «cono de azúcar» y servía para ayudarnos a sentirnos más cómodos en este extraño y nuevo mundo. No teníamos permiso de abrirlo, estaba atado con un celofán rojo en la parte de arriba para que no pudiéramos sacar nada hasta que regresáramos a casa. Era una especie de recompensa; algo por lo que estar a la espera. El mío era casi tan alto como yo o, al menos, así me pareció.

Sin embargo, ese día, cuando salimos de clases sosteniendo nuestros preciados conos de azúcar, nos atacó una pandilla de las Juventudes Hitlerianas, las *Deutsches Jungvolk* y *Jungmädel*. Era una turba grande y estrepitosa que esperaba afuera, sobre la banqueta; chicos y chicas no mucho mayores que nosotros. Estaban en extremo orgullosos de sí mismos, vestidos con sus uniformes nazis tipo *scouts*.

Estábamos aterrados. Algunos de mis compañeros lloraban. Todos éramos niños pequeños, como de 6 años, y después de un angustioso primer día de escuela, nos estaba atacando esa muchedumbre nazi que nos gritaba sin ninguna razón.

Mis padres, y todos los papás y mamás de los demás niños judíos, estaban esperándonos fuera de la escuela para recogernos y llevarnos a casa, pero no había nada que pudieran hacer para ayudarnos. A todos los habían hecho a un lado los líderes de las Juventudes Hitlerianas: bravucones en su adolescencia o ya en sus veintes.

Recuerdo que levanté la mirada y vi un mar de uniformes y rostros encolerizados. Nos gritaban y se burlaban de nosotros. Eran niños furiosos con sus pañoletas nazis, todas atadas con anillos que tenían esvásticas al frente. Los chicos traían dagas en sus cinturones. Solo eran niños, de entre 10 y 14 años, pero cada uno ya tenía su pequeño cuchillo nazi.

Detrás de ellos podíamos ver, de pie con los brazos cruzados, a los organizadores nazis y a los orgullosos padres de los integrantes de las Juventudes Hitlerianas. Era evidente que estaban disfrutando ver a sus pequeñuelos mostrándoles a unos niñitos judíos quién era quién y cómo tenían que ser las cosas.

Los niños nos tiraron piedras y nos golpearon con palos. A todos nos obligaron a pasar entre dos filas de acosadores, una frente a la otra, para poder escapar y llegar hasta nuestros padres y refugiarnos.

Las Juventudes Hitlerianas prestaron especial atención a atacar nuestros *zuckertüten*. Los aplastaron con sus palos intentando tirarlos de nuestras manos y, cuando lograban romper alguno, se tiraban al piso para robarnos nuestros dulces y juguetes.

Después de un rato, un par de policías de la ciudad de Colonia, que no necesariamente eran nazis en aquel momento, se presentaron y detuvieron el ataque, dándonos a mí y a los demás pequeños judíos el tiempo y el espacio para llegar hasta donde se encontraban nuestros padres.

Elisabeth Haas Oster y Heinz (Henry) Oster, 1928.
Foto: Henry Oster Archive.

Heinz (Henry) Oster a los 6 años. Colonia, Alemania, 1934.
Foto: Henry Oster Archive.

Ninguno de nosotros salió gravemente herido; solo con algunos raspones y leves cortaduras, un poco de sangre por aquí y por allá, pero todos quedamos conmocionados.

Esa mañana había acudido a la escuela lleno de emoción y expectativas, ansioso de cómo me iría en clase. Cuando al fin llegué a casa esa tarde, el mundo ya era un sitio mucho más oscuro y peligroso. Mi vida jamás volvería a ser igual.

Propaganda nazi dirigida a los niños alemanes. Ilustración de un libro infantil antijudío publicado en Alemania en 1936: **No confíes en ningún zorro en su verde matorral, ni en el juramento de ningún niño judío,** *que alentaba a los niños alemanes a excluir a los judíos en las escuelas. «Deshagámonos de toda la Estirpe Judía» indica el texto. El influyente nazi Julius Streicher publicó el libro, escrito por Elvira Bauer, una estudiante alemana de arte de 18 años. Ilustración: Calvin College Archive.*

2

UNA NACIÓN EN BUSCA DE UN LÍDER

COMO UN PEQUEÑO DE 6 AÑOS, claro está que no tenía idea de lo que estaba sucediendo a nivel político, pero en ese momento Alemania se encontraba en crisis. El país había perdido la Primera Guerra Mundial y las naciones ganadoras, sobre todo Francia e Inglaterra, le exigían reparaciones de guerra; tomaban territorios y enormes cantidades de dinero con las que Alemania no contaba en realidad.

Al igual que en Estados Unidos, eran momentos de dificultades económicas por la Gran Depresión. Durante la década de 1920 y a inicios de la de 1930 había mucho desempleo. Miles de hombres vagaban harapientos por las calles, muchos de ellos veteranos de guerra heridos o con secuelas mentales sin nada que hacer más que quejarse, conspirar y confabularse.

La Primera Guerra Mundial fue una pesadilla para los soldados que pelearon en ella, sin importar de qué lado lucharon. La guerra de trincheras era horrorosa y miles murieron para ganar, o perder, apenas algunos metros de lodo y alambre de púas. Las enfermedades asolaron a todos los ejércitos. Las ametralladoras, la artillería, los tanques, los gases venenosos y las bombas arrojadas desde aviones y dirigibles mataron a millones. Los sobrevivientes, al igual que los soldados de hoy en día, quedaron dañados para siempre. Millones padecieron heridas físicas y casi todos quedaron lesionados en sus corazones y almas.

Europa jamás volvería a ser la misma.

La economía alemana sufría inflaciones enloquecidas: día con día, la misma cantidad de dinero valía cada vez menos. Una hogaza de pan podía costar un millón de marcos; una carretilla llena de papel moneda no tenía valor alguno.

Cuando Hitler ascendió al poder, maniobrando tras bambalinas después de las elecciones de 1933, el pueblo alemán estaba necesitado de seguir a un líder, quien fuera, que pudiera convencerlos de que existía alguna salida, alguna manera de hacer que Alemania volviera a ser fuerte y próspera.

Hitler reclutó a todos esos hombres desempleados y desarraigados, a todos aquellos exsoldados y veteranos, y les dio una estructura por la cual vivir; les dio una causa. Ahora tenían un grupo al que unirse y algo en que creer, por más absurda e inhumana que resultara ser esa causa. Hitler convocó a cualquiera que quisiera oírlo. Sacó a los hombres de las cárceles y los incorporó a la causa nazi: delincuentes curtidos, buenos para nada, carentes de educación; los elementos más deplorables de la sociedad. Los hizo creer que podían formar parte de algo que haría que Alemania fuera grande de nuevo.

Culpó a los judíos por la gran mayoría de los problemas del país.

Es frecuente que dictadores y líderes de otro tipo aumenten su propio estatus y poder convenciendo a su pueblo de que se encuentra bajo el ataque de algún «otro»; cualquier grupo que se vea, comporte o crea algo diferente.

Está sucediendo en Medio Oriente; está sucediendo en Rusia y en Darfur. Pasó en Bosnia, en Corea del Norte y en Siria. Sucedió en Ruanda, donde millones de personas murieron mutiladas a manos de sus vecinos ante las incitaciones de sus líderes.

Para entender de lo que hablo, basta con escuchar a los supuestos expertos de extrema derecha en la televisión estadounidense. «Todo sería magnífico», parecen decir sin descansar, «si no fuera por "ellos"». «Ellos» pueden ser cualquiera. Negros, judíos, latinos, irlandeses, italianos, musulmanes: inmigrantes. Personas que asisten a la universidad; personas que no. Elitistas, gente que se beneficia de programas sociales, homosexuales, trabajadores sindicalizados e, incluso, mujeres. Cualquiera que no forme parte del «nosotros».

El propio Herman Göring, miembro de la alta jerarquía nazi y comandante de la Fuerza Aérea Alemana, la *Luftwaffe,* lo dijo en 1946 durante su juicio como criminal de guerra en Núremberg:

> *Siempre es posible hacer que la gente acate a los líderes. Eso es fácil. Lo único que se necesita es decirles que se les está atacando y denunciar a los pacifistas por su falta de patriotismo y por exponer a la nación al peligro. Funciona igual en cualquier país.*

Desde hacía siglos, existían sentimientos de sospecha y odio contra los judíos, y eso seguía imperando a inicios del XX.

Al igual que muchas personas alrededor del mundo, incluidos el honorable piloto Charles Lindbergh y el industrialista estadounidense Henry Ford, Hitler creía que los judíos formaban parte de una conspiración internacional. En alianza con los comunistas que ascendieron al poder en Rusia, según dictaba su fantasía, confabulaban para dominar las instituciones políticas y financieras del mundo y, con el paso del tiempo, la totalidad del planeta. También creía que algunos judíos, aliados con los comunistas, eran responsables de que Alemania hubiera perdido la Primera Guerra Mundial al fomentar huelgas laborales, subversión e ideas revolucionarias de manera furtiva; un mito conocido como la *Dolchstoßlegende*: la puñalada por la espalda.

Los políticos alemanes promulgaron este mito en el periodo inmediato posterior a la Primera Guerra Mundial para desviar su responsabilidad por la derrota de Alemania. En 1918, los aliados de Alemania se rendían con velocidad y el ejército se estaba quedando sin dinero, recursos y reservas al enfrentarse a las fuerzas cada vez más fortalecidas de Francia, el Imperio Británico, Bélgica y Estados Unidos. La derrota era inevitable. Pero la teoría de la puñalada por la espalda permitió que muchos alemanes, entre ellos el propio Hitler, en ese entonces un cabo herido y cegado del ejército alemán, creyeran que en realidad Alemania no había sido derrotada, sino que los esfuerzos de guerra se habían visto minados desde adentro por esos «otros»: los judíos y los comunistas.

Al igual que muchos nacionalistas en el mundo entero, Hitler creía que los habitantes de sus países natales, en su caso Austria y Alemania, eran los más grandes del mundo entero.

Es una creencia muy común. No demasiado razonable, pero común. «Soy bastante grandioso», asegura esa lógica, «y todos los que son como yo también me parecen grandiosos. De hecho, mientras más se asemejan a mí, más grandiosos parecen ser. Ahora que lo pienso, todos los que no se asemejan a mí me parecen menos grandiosos. ¿Cómo explicarlo? Deben ser inferiores».

Hitler formó su ideología en la época en que la eugenesia, la pseudociencia que supone que casi todo el comportamiento humano se basa en la genética, estaba creciendo en popularidad entre académicos y políticos blancos alrededor del mundo. En muchos países, incluidos Gran Bretaña y Estados Unidos, el movimiento de la eugenesia promulgaba la idea de que era correcto y responsable por parte de los Gobiernos evitar la reproducción de la gente «indeseable».

Era posible «purificar» a la sociedad al evitar, por la fuerza en caso necesario, que estos «indeseables» tuvieran hijos que, si se les permitía vivir, podría suponerse que serían «indeseables» también. Hitler no fue la única persona en el mundo que jugó con la idea de que, a fin de prevenir que las personas «inferiores» contaminaran una sociedad en particular, sería mejor evitar que tuvieran hijos. O algo peor.

Esta no era solo una idea descabellada que sostuvieran algunos dementes. Era una ley en Estados Unidos. En una escalofriante decisión de 1927 por parte de la Suprema Corte de Justicia, en *Buck vs. Bell*, el tribunal ratificó una ley de Virginia que permitía la esterilización forzosa de personas institucionalizadas a quienes clasificaran como «débiles mentales»; un término que podía significar casi cualquier cosa.

Carrie Buck, una chica adoptada de 17 años, fue violada por el sobrino de su madre sustituta y quedó embarazada. Para evitar la vergüenza de tener a una hija soltera y embarazada en su hogar, la familia adoptiva la encerró en una institución psiquiátrica. El estado de Virginia buscó que se le esterilizara de manera forzosa.

El ministro Oliver Wendell Holmes Jr., uno de los jueces más respetados de la historia de EUA, redactó la decisión mayoritaria de ocho a uno. Esta última parece sacada de *Mi lucha,* el manifiesto nazi de Adolf Hitler que, en parte, se inspiró en el movimiento eugenésico de Estados Unidos.

El ministro Holmes escribió:

En más de una ocasión hemos visto que en aras del bienestar público se les puede pedir hasta sus vidas a los mejores ciudadanos. Sería inusual si lo mismo no se les pudiera exigir a aquellos que de por sí socavan la fuerza del Estado para hacer sacrificios menores. Es mejor para el mundo entero que, en lugar de esperar a ejecutar a esta progenie degenerada por algún delito, o dejarla morir de hambre a causa de su imbecilidad, la sociedad pueda evitar que aquellos manifiestamente incapaces sigan propagándose. El principio que sustenta la vacunación obligatoria es lo bastante amplio como para incluir el corte de las trompas de Falopio. Tres generaciones de imbéciles son más que suficientes.

La decisión del ministro Holmes menciona «tres generaciones de imbéciles», con lo que se refería a Carrie Buck, a su hija recién nacida y a la madre de Carrie, Emma.

A causa de esta decisión de la Suprema Corte, Carrie Buck, así como su hermana, Doris, se vieron sometidas a esterilizaciones forzosas. Al menos 60 000 estadounidenses más sufrirían ese mismo destino bajo leyes parecidas. Más adelante, esa legislación se convertiría en el modelo de unas leyes similares en Alemania, las *Erbgesund-*

heitsgericht, bajo las cuales el estado nazi esterilizó a 375 000 personas, incluyendo a muchas que solo eran sordas o ciegas.

En Alemania, no pasó mucho tiempo antes de que ser gitano, homosexual o judío también se considerara indicio de ser «indeseable» como ciudadano alemán. Todos los métodos que se utilizaban para «purificar» a la sociedad alemana de aquellos «indeseables» aumentaron con rapidez.

Desde 1933 hasta 1939, los nazis pasaron de la esterilización al asesinato franco de los «indeseables» de cientos a miles. Durante esa época, los líderes de la eugenesia en Estados Unidos alentaron el movimiento en Alemania, e incluso lo ayudaron en términos financieros.

En 1939, la Fundación Rockefeller, una de las principales organizaciones filantrópicas estadounidenses hasta nuestros días, brindó apoyo a las investigaciones sobre «superioridad racial» del Instituto Kaiser Wilhelm de Antropología, Herencia Humana y Eugenesia, inspiradas en el nazismo. Incluso después de que se evidenció que esta pseudociencia se estaba utilizando para legitimar la persecución de los judíos y de otros segmentos vulnerables de la sociedad alemana. Uno de los científicos cuyos estudios recibieron subsidios de la Fundación Rockefeller fue el doctor Josef Mengele, al que más tarde se conoció como el «Ángel de la muerte» a causa de sus aterradores experimentos y por su papel en la selección de víctimas para la cámara de gases en Auschwitz.

Mucho antes de que se asesinara a los primeros judíos en los campos de concentración, el programa *Aktion* T_4 de la Alemania Nazi, que se llevó a cabo de 1939 a 1941, les ordenó a los médicos alemanes y austriacos que asesinaran a 70 273 personas con discapacidades físicas o mentales mediante medicamentos letales, inanición o gases venenosos. El programa siguió operando de manera extraoficial a lo largo de la guerra y acumuló más de 200 000 víctimas mortales para 1945.

¿Y qué fue de Carrie Buck? Cuando un periodista entrevistó, 56 años más tarde, a Carrie y a su hermana Doris, fue evidente que ambas eran normales en términos intelectuales. Y la hija de

Carrie, Vivian, cuyo nacimiento encolerizó a la Mancomunidad de Virginia, así como a ocho ministros de la Suprema Corte de Justicia de EUA, apareció en la lista de honor de los alumnos de segundo grado.

Asamblea de las Juventudes Hitlerianas en Berlín, Alemania, 1933. Foto: U.S. Holocaust Memorial Museum Archive.

Inspirado en las leyes eugenésicas de EUA, Adolf Hitler realmente creía que todas las demás naciones y todas las demás razas eran inferiores a la suya. Le tenía especial temor al comunismo y creía, sin evidencia que lo sustentara, que los judíos constituían las bases biológicas de este; que el comunismo era tanto el producto de una genética inferior como un movimiento político.

Aunque algunos de los líderes comunistas soviéticos originales fueron judíos, cosa que no es de sorprender si consideramos el virulento antisemitismo del gobierno zarista anterior, Josef Stalin, la contraparte igual de cruel que Hitler que lideraba la Unión Soviética, los purgó de las filas del Partido Comunista mucho antes de que Hitler llegara al poder en la década de 1930.

El máximo temor de Hitler, el que se refería a la conspiración judeocomunista que dominaría a Europa y, a la larga, al resto del mundo, jamás existió. Su campaña más importante durante la Segunda Guerra Mundial, y los desatinados esfuerzos que le dieron fin a su «*Reich* de Mil Años», fue su ataque suicida en contra de la Unión Soviética. Fue una campaña impelida, en esencia sin base alguna en la realidad, por su irracional odio en contra de los judíos; esos judíos que no eran culpables de los delitos que les atribuían tanto él como sus demás secuaces del nacionalsocialismo.

Al mes de que le otorgara el poder en 1933, Hitler ya había fundado Dachau, el primer campo de concentración, a las afueras de Múnich, hogar de la revolución nazi, para encarcelar a cualquiera que tuviera la valentía de oponerse a él.

A fin de construir una Alemania poderosa y aparentemente invencible, sabía que tenía que empezar con los miembros más jóvenes de la sociedad, de modo que fundó las Juventudes Hitlerianas y otros clubes sociales para adoctrinar a todo joven alemán no judío en su enloquecida, aunque no poco común, visión del mundo.

Para cuando esos muchachos crecieron, de 1933 a 1939, había construido un país entero dedicado a los aprendices. Un país que lo seguiría sin cuestionamientos. Un país que haría cosas innombrables y horripilantes; cosas que apenas si podemos imaginar que son capaces de hacer los seres humanos.

Fue inconcebible.

Pero sucedió. Les sucedió a mis vecinos. Le sucedió a mi familia. Me sucedió a mí.

Salida familiar de los Haas, Colonia, Alemania, alrededor de 1924. Elisabeth Haas, la madre de Henry Oster, se encuentra sentada al centro, sosteniendo un remo. Foto: Henry Oster Archive.

3

LOS JUDÍOS EN ALEMANIA

Los historiadores nos dicen que es probable que los primeros judíos que se asentaron en Alemania emigraran de Roma. La primera comunidad judía documentada en Alemania data del 321 d. C., en la ciudad de Colonia.

Y sucede que es la ciudad en la que nací. De modo que cuando Adolf Hitler (que no nació en Alemania, sino en Austria) y sus seguidores nazis decidieron que los judíos como yo, mi madre y mi padre éramos indeseables y no podíamos vivir en «su» Alemania, pero ya llevábamos más de 1 600 años allí.

El antagonismo contra los judíos fue común durante siglos. El término «gueto» se derivó de una palabra italiana, una abreviatura de *borghetto* o «pueblo pequeño». Los guetos eran secciones amuralladas de las ciudades donde se obligaba vivir a los judíos, distanciados de los cristianos y de otros grupos; primero en Venecia y Roma, y después en otras ciudades romanas.

Las oleadas de persecuciones, llamadas *pogromos*, se dieron de manera esporádica por cientos de años. En ocasiones, atacaban, segregaban y vilipendiaban a los judíos; en otras, el péndulo se mecía hacia el lado contrario y se aceptaba a los judíos de manera más abierta dentro de la sociedad europea.

Los judíos fueron perseguidos como chivos expiatorios convenientes, en Europa y en otras partes, durante casi mil años. Durante la época de la Primera Cruzada, que inició en el 1096, se alentó a los cristianos de Alemania a que atacaran y exterminaran a cualquier no creyente. Se masacró a comunidades enteras de judíos alemanes. Los musulmanes, que eran igual de odiados que los judíos, estaban muy lejos, en Tierra Santa; pero los judíos nos encontrábamos justo allí, en las ciudades, listos para la matanza.

Durante el siglo XIV se culpó a los judíos por la Peste Negra, transmitida por ratas, que mató a casi la mitad de los habitantes de las principales ciudades de Europa. Corrieron rumores de que los judíos estaban envenenando los pozos de los cristianos y eso incitó a la población, ya presa del pánico, a reaccionar en contra de las comunidades judías en formas terribles.

Debido a que los judíos solían vivir aislados en guetos dentro de las ciudades, lo que limitaba la transmisión de la peste, y por el hecho de que, en general, los judíos de ese entonces tenían estándares de higiene superiores a los de las demás culturas, era frecuente que sus comunidades se vieran mucho menos afectadas por la enfermedad. Eso levantó las sospechas de los católicos y de otros habitantes, quienes en muchos casos respondieron exterminando a las comunidades, a menudo quemando poblaciones enteras de judíos junto con sus casas y sinagogas.

En 1349, se exterminó a la totalidad de la población judía de Colonia. Hombres, mujeres y niños recibieron golpizas, se les decapitó y se les quemó vivos después de robar sus casas y de incautar todas sus pertenencias. Para 1351, apenas dos años más tarde, hasta 60 comunidades judías importantes de Alemania, junto con otros 150 poblados más pequeños, quedaron destruidos por completo.

En algunos casos, las comunidades judías optaron por quemar sus propias casas, con sus familias todavía dentro, para evitar que las turbas los arrastraran lejos y los quemaran o lincharan.

Carlos IV, emperador del Sacro Imperio Romano, decretó que todas las posesiones judías fueran confiscadas a causa de todas estas atrocidades. Y así dio a las autoridades aún menos incentivos para detener la destrucción masiva del pueblo judío.

Después de todo, Jesús de Nazaret fue un judío perseguido y asesinado por los romanos.

Por fin, en la década de 1860, se les otorgó a los judíos y a todos los demás alemanes pertenecientes a religiones no cristianas plenos derechos ante las leyes de Alemania. Después de casi 1 500 años de separación y represión, en 1869, cuando se estableció la Confederación Alemana del Norte, a los judíos se les otorgaron todos los privilegios de los que gozaba cualquier otro ciudadano alemán.

Teníamos permitido asistir a las escuelas y universidades públicas de Alemania. Pudimos convertirnos en abogados y, con los años, en jueces. Y, en parte a causa de una extraña doctrina del cristianismo, los judíos ya llevaban tiempo de ser exitosos en lo que se convertiría, al paso de los siglos, en la industria bancaria.

Al igual que los musulmanes del día de hoy, los propios líderes y las creencias religiosas de los primeros cristianos les prohibían cobrar intereses si prestaban dinero a otros cristianos. Por otro lado, los judíos estaban en plena libertad de prestarles dinero. A causa de lo anterior, se buscaba a los judíos, al mismo tiempo que se les estigmatizaba, porque su capacidad para prestar dinero y exigir intereses hacía que algunos judíos fueran más acaudalados que sus vecinos cristianos.

A causa de su creencia en el aprendizaje y la educación, los judíos tendían a triunfar dentro de la sociedad de Alemania y se volvían prominentes en los negocios, en el derecho y en otras profesiones. En algunos sectores menos educados de la sociedad alemana, esto volvió a encender los celos, prejuicios y resentimiento en contra de los judíos.

Para la década de 1930, algunos negocios se habían convertido en enormes conglomerados que estaban dominados de manera legítima por los judíos; la banca, la industria cinematográfica, las ciencias, la medicina y el derecho. Un enorme número de jueces alemanes eran judíos.

Como minoría visible y perseguida de Alemania (había cerca de 600 000 judíos en un país de 60 millones de alemanes, por lo que la población judía representaba apenas el 1% de la población), los judíos pensaban que una de las formas en que serían más aceptados y tolerados era asimilándose y haciendo una contribución a la sociedad en la que vivían. Una vez que se nos otorgó la libertad para asistir a las universidades, lo hicimos educándonos, trabajando sin descanso y, en muchos sentidos, volviéndonos más alemanes y menos judíos. Sin embargo, al alcanzar el éxito en todas estas importantes áreas de la sociedad, nos volvimos desproporcionadamente visibles.

Desde la década de 1860 e incluso hasta la de 1930, la mayoría de los judíos alemanes se integró de lleno en la vida alemana. Como yo, casi todos hablaban alemán como primer idioma en lugar del yidis de numerosas comunidades del Este de Europa. Muchos judíos no eran para nada religiosos y muchos representaban un papel importante en la sociedad alemana, incluso en el ejército alemán. Durante la Primera Guerra Mundial, el porcentaje de judíos alemanes que peleó por su nación fue mayor al de cualquier otro grupo político, religioso o étnico del país. En ese conflicto armado, perecieron cerca de 12 000 soldados alemanes judíos; como muchos otros, mi padre fue herido y condecorado por su heroísmo.

Da la casualidad de que el oficial alemán que le dio al cabo Adolf Hitler la Cruz de Hierro de Primera Clase durante la Primera Guerra Mundial fue el teniente Hugo Gutmann, quien resultó ser judío.

4

EL SURGIMIENTO DE LOS NAZIS

EN 1934, YO TENÍA APENAS 6 años, pero sabía que éramos una familia bastante pudiente. ¿Cómo podía saberlo? Porque a diferencia de muchas de las demás familias a las que conocíamos, nosotros teníamos una radio. Nos sentíamos muy afortunados, muy modernos y muy sofisticados.

Recuerdo estar sentado en el regazo de mi madre y escuchar, a oscuras, la transmisión de los funerales del presidente Von Hindenburg de Alemania. La ocasión fue triste y solemne, y la música que se oía a través de las ondas radiofónicas llenas de estática era tan pesada como una cobija de plomo. Hitler ya había intentado asumir el poder un año antes, después de las elecciones de 1933, pero cuando Hindenburg, un hombre muy viejo y cansado, falleció el año siguiente, Hitler estuvo libre para consolidar su poder y declararse «*Führer und Reichskanzler*», Líder y Canciller del Estado, dirigente indiscutido de la nación.

Hitler no desperdició ni un minuto para convertir a Alemania en un Estado policial cubierto de banderas con esvásticas donde se detestaba a todos los judíos.

Gracias a que teníamos la radio pudimos escuchar muchos de los discursos de Hitler, y yo, por ser un inocente chico alemán que no tenía idea de lo que empezaba a gestarse, estaba como hipnotizado. Nos guste o no, Hitler era un orador increíble. Recuerdo la emoción que sentía al escuchar su voz estridente por la radio y oír a la multitud del fondo rugir «*Heil*» cuando él lo indicaba. Podíamos ver cómo este fervor se propagaba por toda la ciudad como una inundación de sangre. «*Heil Hitler!*», «¡Salve Hitler!» se volvió un saludo común, tanto al llegar, como al partir. Los nazis regalaban banderas; enormes estandartes color rojo sangre con la esvástica al centro. Alentaban a cada familia a colgar sus banderas de cierta manera, en el ángulo perfecto, frente a sus casas.

Si alguna no lo hacía, los vecinos empezaban con sus habladurías:

—Oye, ¿ya viste a esa familia al fondo de la calle? No tienen una bandera.

—¿Acaso serán comunistas? ¿O tal vez judíos?

Las calles estaban encendidas con las banderas nazis. Era un océano escarlata por donde vieras. Como todo niño judío que no sabía nada de nada, yo pensaba que era bellísimo. Inspirador. Como si me ahogara en este mar de orgullo, enojo y emoción alemanes.

No pasó mucho tiempo antes de que las cosas empezaran a salir mal para nuestros amigos, parientes y familiares. Al principio fue poco a poco; pero después aumentó la velocidad, como si se tratara de una piedra que rueda por un peñasco.

De un momento a otro, el negocio que pertenecía a un gentil[1] mostraba una enorme esvástica sobre su vitrina. El comerciante judío arribaba a su negocio por la mañana y encontraba una enorme estrella de David pintarrajeada sobre su tienda con el mensaje: «Somos alemanes y nos sentimos orgullosos. No patrocines a los judíos».

Después de algunos meses, las autoridades nazis decretaron que los judíos ya no tenían permitido utilizar el transporte público. En las principales ciudades, como Colonia, nos vimos cada vez más limitados en cuanto a lo que podíamos hacer, los trabajos en los que podíamos laborar y los negocios que podíamos poseer.

Hitler y sus secuaces, Himmler, Goebbels y Göring, utilizaron todas sus habilidades teatrales y de propaganda, auspiciados por la

[1] El término «gentil» es usado por los judíos para describir a personas no judías (N. de la e.).

autoridad y visibilidad del Estado alemán, para informarle a toda Alemania que los judíos eran subhumanos. Que éramos como ratas; que éramos una plaga, un virus y que, si no les creías a tus líderes, quedarías bajo sospecha, porque eras desleal, un traidor y no un verdadero alemán.

La mayoría del pueblo alemán, es triste de decirlo, se mostraba feliz de seguir la corriente. «Ellos» eran el problema, les dijeron; no «nosotros». De modo que ataquémoslos a «ellos»; denigrémoslos e incluso asesinémoslos.

En 1935, se declararon las leyes de Núremberg.

Asamblea nazi en Núremberg, Alemania, 1934.
Foto: Bundesarchiv, Bild 102-16196 / CC-BY-SA.

5

BAJO PRESIÓN

DURANTE LA ASAMBLEA DE NÚREMBERG del Partido Nazi de 1935, se promulgó una serie de leyes que oficializó muchas de las políticas antijudías que estaban empezando a causar estragos en nuestras vidas.

Los nazis nos obligaron a entregar todas nuestras posesiones: cualquier cosa que tuviera algo de valor. Se llevaron la joyería de mi madre, nuestra platería; todo. Un día, vinieron por nuestra radio. Así salió por la puerta nuestra posesión más preciada, en manos de un *sturmabteilung,* un soldado de asalto o «camisa café».

Las leyes revocaron la ciudadanía alemana a todos los judíos. Prohibieron que todos los «arios», alemanes con sangre alemana «pura», tuvieran relaciones sexuales con judíos. Prohibieron que los judíos laboraran en casi todas las profesiones, lo que significaba que muchos funcionarios de gobierno, abogados, médicos y jueces se quedaran sin trabajo.

Los judíos veteranos de la guerra, como mi padre, vieron perder sus prestaciones de un momento a otro. Los nombres de aquellos judíos que murieron en la Primera Guerra Mundial, peleando por Alemania, se borraron con cincel de las placas de granito de todos los monumentos conmemorativos de la guerra en todas las ciudades de Alemania.

Los judíos no teníamos permitido poseer una casa, un coche o cualquier suscripción a un periódico o una revista. No podíamos subirnos a los tranvías ni entrar en cines o teatros, ni siquiera sentarnos en las bancas de los parques. Por toda la ciudad aparecieron letreros que indicaban «*Juden Verboten*», «Prohibida la entrada a los judíos».

Y aún más devastador que cualquier otra cosa, estaba el hecho de que no se nos permitía ser dueños de nuestros propios negocios; en muchos casos, eran empresas creadas desde cero y heredadas por generaciones.

Un día, mi padre entró a su oficina y encontró a un nazi sentado tras su escritorio. Mi padre quedó desempleado, congelaron sus cuentas y se apoderaron de su negocio sin compensación alguna.

No hubo un juez ni un jurado... nadie. Le robaron su vida entera y no hubo nada que pudiera hacer al respecto. Los jueces, aquellos que no eran judíos, por supuesto, empezaron a utilizar prendedores nazis sobre sus solapas. Todos se unieron al Partido Nazi. No quedó duda alguna de quién estaba al mando ni de lo injusto que ya era el sistema judicial de Alemania.

Los judíos no podíamos vernos ni reunirnos en grupos de más de tres o cuatro. Ni siquiera se nos tenía permitido asistir a nuestro propio centro comunitario judío.

Por supuesto, perdimos nuestro departamento. Sin el negocio de mi padre, ya no teníamos ingresos. No se nos permitía poseer una casa ni vivir en un departamento que fuera propiedad de algún gentil.

Después de mucho batallar, pudimos encontrar un departamento de una sola recámara en una parte mucho más pobre de Colonia. Nuestro hogar original estaba en el número 12 de la *Brabanterstrasse*. Nos vimos obligados a mudarnos al 15 de la *Blumenthalstrasse*. Pasamos de vivir en una calle prestigiosa dentro de un departamento bonito a uno apretado y miserable con solo un cuarto y una cocina.

No teníamos manera de anticipar los horrores que llegarían, pero en ese momento esto ya nos parecía bastante horrible. En un periodo de algunas semanas, nuestra vida entera se vino abajo.

Fue un impacto terrible. Imagina cómo te sentirías si un día escucharas que golpean fuertemente tu puerta, y soldados y burócratas entraran en tropel para llevarse tu trabajo, tu ciudadanía, tus posesiones e, incluso, tu hogar.

Nos dañó a todos; fue como si nos cayera encima una tonelada de ladrillos. Pero el más afectado fue mi padre; se hundió en una terrible depresión. Era un hombre exitoso, un alemán orgulloso, un héroe de guerra, un miembro respetado de la comunidad; pero desde sus propios ojos, ya no era nada.

Se vio obligado a aceptar un trabajo esclavizante. Tuvo que irse en tren al lejano oeste, a un campo de trabajo nazi, de modo que no lo veíamos la mayor parte del mes. Se le pagaba una cantidad ínfima de dinero por su trabajo. Le permitían regresar a casa un fin de semana de cada mes, nos veía por un corto tiempo, y nos daba todo el dinero que podía para garantizarnos una mínima posibilidad de sobrevivir. Mi madre y yo lo extrañábamos con locura. Justo cuando más necesitábamos apoyarnos como familia, mi padre, que siempre nos sostuvo y nos protegió, estaba lejos y vivíamos en la incertidumbre de si lo volveríamos a ver.

Nos contó que trabajaba entre 10 y 12 horas al día en la construcción de las fortificaciones para el ejército alemán y que, al paso del tiempo, se conocerían como la Línea Sigfrido. Se trataba de un enorme sistema de búnkeres de concreto, trampas para tanques y posiciones de artillería que los nazis diseñaron para proteger a Alemania de alguna invasión de Occidente cuando iniciara la siguiente guerra. La línea se encontraba directamente frente a la Línea Maginot de Francia, dos inmensas redes de fortificaciones que se extendían de norte a sur y, supuestamente, protegerían a Francia y a Alemania la una de la otra.

Con el salario de esclavo de mi padre apenas y nos alcanzaba para comprar víveres y difícilmente podíamos alimentarnos cuando no estaba. La comida era cada día más escasa y costosa, de modo que muy pronto aprendimos a comer menos y a sobrevivir con alimentos cada vez peores. Una papa grande era como un tesoro; una col entera, todo un festín. No desperdiciábamos nada y, de todos modos, sentíamos que nos moríamos de hambre.

Nuestro departamento era claustrofóbico y estrecho, incluso para nuestra pequeñísima familia de tres. Lo tuvimos solo para nosotros casi durante tres semanas, pues no pasó mucho tiempo antes de que se atestara todavía más. Todos nuestros familiares de Colonia también perdieron sus departamentos, y como éramos los únicos que tenían un lugar donde quedarse, por más pequeño que fuera, se vieron obligados a mudarse con nosotros, una familia a la vez, mientras los desalojaban de sus hogares legítimos. En un momento dado, fuimos once los que estuvimos viviendo allí, todos apretujados, codo con codo. Solo había una cama, por lo que nos veíamos forzados a dormir por turnos, dos o tres personas a la vez, en noches alternadas.

En la cocina, había una pequeña banca de madera sin nada encima. Allí dormía yo y, por un breve periodo, ni siquiera pude hacerlo a solas; tuve que compartirla y turnarla con mi prima Lore, una pequeñita que también estuvo hacinada con nosotros.

En 1936, los alemanes cerraron todas las escuelas judías, de manera que los demás niños y yo no teníamos nada que hacer y casi ningún lugar donde hacerlo. Aunque ya no tenía permitido asistir a una escuela formal, de vez en cuando, uno de mis maestros anteriores lograba escurrirse dentro del departamento y me daba clases particulares, de hebreo y otras materias, con el fin de prepararme para mi bar mitzvá.

Esto lo teníamos que hacer en absoluto secreto. Todo el mundo espiaba a todo el mundo. Los niños alemanes adoctrinados espiaban a sus amigos e incluso a sus familias. Delataban a sus madres y padres. Era su deber patriótico informar a los nazis de quien fuera: «Esta persona es sospechosa. Esa persona dijo algo en contra del *Führer*. Aquel otro podría ser un comunista o un traidor». Todo con tal de avanzar un poco, de ganar puntos a favor, de protegerte contra tu vecino que, sin duda, también les informaba a las autoridades acerca de ti.

Todavía hasta 1938 seguía siendo posible que algunas personas huyeran de Alemania. Algunos de nuestros familiares y amigos lograron encontrar una manera para librarse de este desastre y escapar a otro país. El proceso para lograrlo era muy complejo. En esas épocas se necesitaba un permiso para salir del país: Alemania era un Estado policial. Eso significaba que el Gobierno sabía todo acerca de cada ciudadano. No podías irte de vacaciones sin registrarte en el departamento de policía del sitio que visitaras. Si salías por siete días, tenías que registrarte en el lugar visitado y, después, volver a registrarte cuando regresabas a casa. Hacer trámites era una locura; como algo salido de una novela de Franz Kafka.

La ironía era que la filosofía nazi/alemana original fue deshacerse de los judíos como fuera posible. De inicio, se permitió que un gran número de judíos emigrara. Algunos escaparon a Palestina, lo que ahora es Israel. Otros lograron atravesar las montañas hacia Suiza. Algunos contaban con pasaportes especiales marcados con una enorme «J» de *Jude*, la palabra alemana para «judío». Si tenías uno de esos pasaportes, podías salir de Alemania, pero jamás regresar.

Otro problema era que, para salir de Alemania, tenías que comprobar que un país estaba dispuesto a aceptarte, y ninguna de las principales naciones de Occidente, incluida Estados Unidos, estaba dispuesta a darle refugio a decenas de miles o, incluso, cientos de miles de judíos que de un momento a otro no tenían propiedades, ni dinero ni trabajo, y que Alemania ya no quería. Muy pocos países permitieron la entrada de un número limitado de refugiados judíos. Paraguay y Uruguay, en Sudamérica, permitieron que entraran algunas familias a cambio de dinero; y cerca de 20 000 judíos tuvieron la oportunidad de refugiarse en un gueto atestado en Shanghái, China, entonces ocupada por Japón, gracias a las acciones de algunos valientes funcionarios japoneses y chinos.

El *Kindertransport* fue una heroica misión de rescate organizada por el Fondo Central Británico para la Judería Alemana, que colocó a casi 10 000 niños en hogares sustitutos a lo largo y ancho de Gran

Bretaña. Imagina enviar a tu único hijo a Inglaterra, un país por completo desconocido, para que lo adoptaran unos desconocidos durante un periodo indefinido, solo porque sospechabas que las cosas iban a empeorar en Alemania. Por supuesto, se trataba de la misma Inglaterra contra la que mi padre peleó en la primera guerra apenas veinte años atrás.

Mi padre tuvo que quedarse en Alemania porque lo reclutaron para los campos de esclavos en el oeste. Mi madre y yo no podíamos simplemente abandonarlo. No teníamos dinero ni recursos ni forma de sobrevivir en el mundo nosotros solos. Mientras permaneciera con vida y regresara a casa para vernos con un poco de comida y de dinero, sin importar lo difíciles o carentes de esperanza que parecieran las cosas, seguíamos siendo una familia que intentaba mantenerse unida con desesperación.

6

UNA NOCHE PARA RECORDAR. UNA NOCHE PARA OLVIDAR

A LO LARGO DE 1936 Y 1937, las cosas se estabilizaron un poco. Nuestras vidas no habían mejorado en absoluto. Teníamos hambre, estábamos hacinados, muertos de aburrimiento, aterrados por nuestro futuro y, en general, éramos desdichados. Yo era una presencia inquieta y constante, y estar dentro del sombrío departamento era casi una tortura para mí y creo que también para mi familia.

Pero el cerco empezó a apretarse todavía más. En 1938, las fronteras se cerraron de manera oficial. La emigración judía se detuvo por completo. Alemania se convirtió en un país fortificado. Las fronteras se convirtieron en líneas divisorias armadas con torres de vigilancia, alambre de púas y ametralladoras. El transporte era inexistente, al menos para nosotros, pues no podíamos abordar los trenes. Algunas personas lograron escabullirse a través del movimiento clandestino judío (un sistema informal parecido al del ferrocarril subterráneo en el que los esclavos buscaron su libertad en Estados Unidos antes de la Guerra de Secesión), que ayudó tanto a judíos como a otros alemanes a escapar de la Alemania nazi. Había algunas rutas que se podían tomar. Si lograbas conseguir un caballo, podías atravesar las montañas para ir a Suiza, pero tenías que ser joven y fuerte. Yo era demasiado joven, mi madre era bastante vieja y mi padre no solía estar con nosotros, de modo que mi familia estaba atrapada. No teníamos ni los recursos ni la suerte para poder salir de allí, y no había forma de saber qué tan mal se pondrían las cosas.

Los nazis se estaban volviendo cada vez más audaces y descarados en sus ataques en contra de los judíos y en la propaganda que veíamos en las calles a diario. Había marchas y desfiles, orgullosas fuerzas de asalto, Juventudes Hitlerianas y otros grupos, todos ansiosos por encontrar alguna excusa para maltratar a algún judío o a cualquier otra persona que se atreviera a confrontarlos.

Y entonces, después de que cada noche se alargara más y más y el frío viento empeorara, una noche la ciudad completa de Colonia pareció explotar en llamas.

Por supuesto, no contábamos con un teléfono; eso habría sido ilegal. Cuando había alguna noticia, se propagaba de boca en boca a través del vecindario y por medio de la red de rumores dentro de la comunidad judía. Esa noche, mis padres y yo, junto con algunos de nuestros familiares, nos quedamos agazapados dentro de nuestro departamento. Escuchamos gritos y el ruido de vidrios que se rompían. Eran las pocas tiendas judías que quedaban, rodeadas de una turba que estrellaba los ventanales de los comercios y dejaba vidrio regado por las banquetas.

Hasta ese momento, todavía existían algunas pocas tiendas judías a las que se les permitía mantenerse abiertas para alimentar y ofrecer víveres a los judíos alemanes que seguían viviendo en esas áreas.

Algunos familiares llegaron corriendo por las escaleras al departamento, casi sin poder respirar.

—¡Es increíble lo que está pasando! ¡Todo se está quemando! ¡Se quema, se quema!

Recuerdo a un hombre mayor, Gustav Heidt, un primo político nuestro, que subió a contarnos lo que estaba pasando. Tenía aproximadamente 50 años y se veía a sí mismo como alguien que podía hacer que las cosas sucedieran; era un hombre con aires de grandeza, un judío que trataba de encontrar la forma de llevarse con los alemanes. Pero esa noche sintió el mismo pánico que todos nosotros. Nos dijo que la ciudad vieja ardía en llamas. Cualquier cosa que fuera judía se estaba incendiando: todas las sinagogas y las tiendas. Dijo que las calles y banquetas estaban cubiertas de pedazos de vidrio.

La ciudad estaba llena de humo y a medida que la noche se oscurecía, pudimos ver las llamas anaranjadas y las enloquecidas sombras de los nazis que se reflejaban en los edificios que nos rodeaban. La gente corría presa del pánico. La ciudad entera se desmoronaba.

Más tarde nos enteraríamos de que lo mismo estaba sucediendo por doquier. El 9 de noviembre, a lo largo y ancho de Alemania, fue más que evidente que los nazis decidieron hacer patente qué tan despiadados podían ser y lo mucho que detestaban a los judíos. Los alemanes siempre argumentaron que el ataque nacional en contra de los judíos no había sido planeado, pero por supuesto que lo fue. El pretexto que los nazis le dieron al mundo entero fue que dicho ataque —en contra de todo lo que fuera judío, tanto en Alemania como en Austria—, fue un «levantamiento espontáneo» ocasionado por la muerte de un diplomático alemán, Ernst vom Rath, en París.

Vom Rath murió de un tiro a manos de un muchacho judío de 17 años, Herschel Grynszpan, que estaba furioso por el trato que los nazis le habían dado a su familia. Fueron expulsados de manera violenta de Alemania, y la familia de Herschel se había quedado varada con otros 12 000 judíos polacos en la frontera de Polonia en un *impasse* entre los alemanes y los polacos. Ninguno de los dos países quería darles asilo, de modo que quedaron atrapados en una especie de limbo. Lograron sobrevivir el invierno gracias a la comida y el refugio que les proporcionó la Cruz Roja de Polonia. La familia le rogó a su joven hijo Herschel, quien quedó atrapado en París en un intento por emigrar a Palestina, que les diera cualquier ayuda que le fuera posible. Sin embargo, no fue capaz de obtener ninguna cantidad de dinero para ayudar a resolver su situación. Encolerizado, compró un arma con los pocos francos que le quedaban, caminó hasta la embajada de Alemania, y le disparó al primer funcionario con el que se topó: *herr* vom Rath.

Herschel se rindió a las autoridades francesas sin oponer resistencia. El tiroteo sucedió el 7 de noviembre, pero Vom Rath quedó suspendido entre la vida y la muerte hasta que al fin pereció el 9 de noviembre. Por casualidad, también resultó ser el decimoquinto aniversario del Golpe de la Cervecería; el primer intento de Hitler por obtener el poder en Alemania.

Cuando murió el diplomático alemán, el ministro de propaganda nazi, Joseph Goebbels, pronunció un discurso en la famosa cervecería *Bürgerbraükeller* de Múnich y culpó a todos los judíos de Europa por las acciones de un solo adolescente furioso. Con la aprobación de Hitler, azuzó a todas las tropas de asalto nazis (las SA) y a los demás rufianes de toda Alemania y Austria a hacer justicia por su propia mano y a atacar negocios, centros comunitarios y sinagogas judíos.

Soltaron a los perros, en ocasiones en un sentido más que literal. Los rufianes nazis vagaron por las calles y mataron a más de noventa personas. La policía se limitó a hacerse a un lado y a permitir que las *Sturmabteilung* (SA), y las *Schutzstaffel* (SS), junto con sus demás seguidores nazis, arrancaran de raíz a la simiente judía de cada una de sus ciudades.

En el mundo entero se llegó a conocer como *Kristallnacht,* la noche de los cristales rotos, porque las esquirlas de vidrio de las vitrinas rotas brillaban como el cristal entre la luz de las llamas.

7

«¡ESTO ES UN ERROR!»

LLEGARON POR MI PADRE alrededor de la medianoche. En todo Colonia, y en otras ciudades de Alemania, empezaron a arrestar judíos sacándolos de sus departamentos en mitad de la noche para llevárselos por la fuerza.

El ruido estalló afuera en el pasillo de nuestro departamento. Las paredes vibraban por el sonido de los perros que ladraban y de los hombres que gritaban y golpeaban la puerta con sus puños. Los alemanes derribaron la entrada y nos vimos sometidos al asalto de las luces, el ruido y la furia de los pastores alemanes y de elementos de la SS con linternas, pistolas y bayonetas caladas. Pensamos que moriríamos.

El líder del grupo de asalto se quedó parado en la puerta. Era un oficial de la SS con su uniforme negro, con la alta gorra y el símbolo de la calavera justo al centro. Mi padre se quedó de pie, aterrado. El oficial le lanzó una sola mirada y después volteó hacia su grupo de matones: «¡Esto es un error!», les dijo y, entonces se fueron con la misma velocidad con la que llegaron.

Mi padre regresó a tropezones a la habitación, tratando de recuperar el aliento.

Después de algunos minutos, mientras las cosas terminaban por calmarse dentro del departamento, mi padre nos contó por qué pensaba que se había librado.

Parte del trabajo de mi padre dentro de su empresa de tiendas departamentales era decidir qué productos se destacarían dentro de las tiendas. A lo largo de cada año, se reunía con diversos vendedores de productos de mayoreo en varias ocasiones. Se acostumbraba que cada vendedor consiguiera una habitación en un mismo hotel a fin de tener dónde mostrar sus productos. Entonces, mi padre pasaba de habitación en habitación a inspeccionar los artículos y a negociar con los vendedores en un mismo lugar para que estos no tuvieran que visitar todas las tiendas.

Cada seis meses, mi padre acudía al mismo hotel de Colonia para hacer las compras de la nueva temporada. En cada ocasión, le daba uno o dos marcos como propina al portero del hotel. El oficial de la SS que acababa de llegar para llevarse a mi padre, quien tenía tanto poder sobre nuestras vidas y las de otros judíos, era justo ese portero, y se apiadó de mi padre por los diez o doce marcos alemanes que le dio de propina a lo largo de los años.

Más tarde, nos enteramos de que los nazis arrestaron a más de 30 000 personas esa noche. No sé cómo es que los nazis eligieron a los hombres que debían arrestar y llevarse. De hecho, a esos 30 000 se los llevaron para convertirlos en esclavos que ampliaran los campos de concentración y que construyeran otros nuevos.

Para ese momento, había 13 campos de concentración. Los nazis todavía no los estaban utilizando de manera específica para matar gente, sino para albergar a los enemigos del Estado: prisioneros políticos, principalmente comunistas, así como cualquier otra persona a la que quisieran quitarse de encima, incluyendo a miembros del clero, a escritores y a artistas de la oposición. Al igual que en los de trabajo forzado, que se usaban para ayudar a fortificar la frontera alemana, la vida en estos campos era muy dura.

A menudo las familias y parientes de los judíos a los que se llevaban recibían postales de los alemanes en las que se les informaba que su padre, hijo o hermano había muerto de *Lungenentzündung* («pulmonía»). Al parecer, nadie fallecía por ninguna otra razón; siempre se trataba de *Lungenentzündung*. La realidad es que quizá algún guardia los había matado a palos o les había disparado por acercarse demasiado a las rejas, o los habían asesinado al aplastarlos en un accidente de trabajo. Pero cuando llegaba esa postal, siempre decía: «Su ser querido falleció a causa de la *Lungenentzündung*». Si bien los trabajadores vivían en tiendas que solían estar mojadas, frías y repletas de enfermedades, los nazis utilizaron esta causa de muerte con tanta frecuencia que pronto se evidenció que le atribuían cualquier deceso dentro de los campos. Era una mentira conveniente.

Los nazis apresaban a cualquiera que se opusiera a ellos o amenazar su régimen o autoridad, de modo que su persecución no se limitó a los judíos. También arrestaron a muchos cristianos a mitad de la noche, y de la misma manera se llevaron a prisioneros políticos, comunistas, homosexuales y miembros de otros grupos, como gitanos. En general, se llevaban a cualquiera que no estuviera a la altura de sus enloquecidas ideas en cuanto a que los supuestos arios eran la «raza maestra».

«*Lungenentzündung*» se convirtió en el lugar común del momento. Era un eufemismo, la palabra clave que representaba el terror que el Gobierno, los nazis, despertaban en todos. Era una manera breve de expresar lo que todos los alemanes sabían en cuanto a que, si se salían de cierto límite, o parecían hacerlo, podían desaparecer así como así en mitad de la noche, para nunca aparecer de nuevo.

«Me gustaría poder ayudarte», podía decir un gentil alemán a algún amigo judío que hubiera tenido el valor de pedirle su ayuda. «Pero hay una terrible epidemia de *Lungenentzündung*».

Al igual que el portero del hotel, algunos alemanes hacían lo que estaba en sus manos, por lo menos al inicio del régimen nazi, para ayudar a los judíos o a las familias judías con las que entablaron amistades al paso de los años. Sin embargo, a medida que fue pasando el tiempo, fue cada vez más peligroso que los gentiles alemanes nos ayudaran, sin importar sus buenas intenciones.

8

NI A DÓNDE IR NI QUÉ HACER

MI PADRE LOGRÓ ESCAPAR A LA REDADA que se hizo en la *Kristallnacht*, pero eso fue el final de su trabajo de esclavo en la construcción de las fortificaciones del oeste. Después, todos quedamos atrapados en un minúsculo departamento, sin ningún lugar al que ir y sin nada que hacer; ni escuela ni trabajo. Solo podíamos salir durante el día. Había un toque de queda a las seis de la tarde para todos los judíos, supuestamente porque después de que bajaba el sol, los policías no podían distinguir las estrellas amarillas sobre nuestra ropa, por lo que un judío podría salirse con la suya y hacer cosas que no tenía permitidas.

Con todos los judíos atrapados dentro de Alemania, los nazis tenían que encontrar alguna manera para poder distinguirnos. A todos se nos obligó a que utilizáramos una estrella de David amarilla, junto con la palabra «*Jude*» siempre que saliéramos de nuestras casas.

Estábamos obligados a portar un saco o abrigo con la estrella amarilla cosida sobre la parte delantera izquierda y sobre la espalda. Era como traer puesta una diana. Antes de tener las estrellas en mi saco, era frecuente que pudiera perderme en una multitud. Incluso si alguien sospechaba que pudiera ser judío y me quisiera meter en problemas, nunca podía asegurarlo, pero con eso ya no había duda posible. Si un camisa café, *Sturmabteilung,* nazi, un matón de la Gestapo vestido de cuero o cualquier chico de las Juventudes Hitlerianas decidían que querían pavonearse frente a sus amigos al agredir a un judío, sabían justo con quién meterse. «Golpea al judío» se convirtió en el pasatiempo nacional.

Un día iba por la calle, de camino a comprar algunas verduras que me pidió mi madre para la cena, cuando un grupo de chicos alemanes me sorprendió. Me jalaron hacia un callejón mientras yo gritaba como loco. Pensé que estaba muerto. Sin embargo, en lugar de golpearme, empezaron a quitarme los pantalones. Se estaban riendo de mí, burlándose. Me di cuenta de que lo que querían era darle un largo vistazo a mi muy aterrado y muy circuncidado pene judío. Una vez que su curiosidad quedó satisfecha, logré escapar hacia la calle, subiéndome los pantalones mientras corría.

De vez en cuando íbamos a casa de algún familiar o amigo antes del toque de queda y nos quedábamos allí; lo que fuera con tal de romper la monotonía. Solo nos sentábamos ahí para conmiserarnos. Había uno que otro que salía por un momento y regresaba con algo de comida o, incluso, lograba conseguir un periódico ilegal junto con algunas verduras.

Devorábamos ese periódico; leíamos cada palabra. Hacíamos lo que fuera con tal de obtener noticias del mundo exterior. Había rumores por todas partes, casi ninguno basado en hechos reales. Cuando no tienes idea de lo que está pasando, inventas cosas para llenar el vacío.

La depresión de mi padre aumentaba cada vez más y había una sensación de desesperanza a nuestro alrededor. Era un sentimiento extraño, especialmente para él, no saber lo que traería el día siguiente. Además, sufría por no poder cuidar de nosotros, protegernos. A veces llegaba a casa con una bolsa de comida y artículos de papelería; creo que eran donados desde el extranjero, quizá por las organizaciones judías de Estados Unidos o de otros países de Europa. Pero no había gran cosa que pudiera hacer para ayudarnos y eso le pesaba de manera terrible. Podíamos ver cómo, día a día, sus hombros se caían cada vez más, su rostro se hacía más gris y la luz de sus ojos se iba apagando.

Siempre fue un fumador empedernido; esto fue por las épocas en las que nadie se daba cuenta de lo peligroso y destructivo que podía ser el tabaquismo, pero ya ni siquiera podía conseguir tabaco real. Era demasiado escaso y muy costoso. De modo que empezó a fumar té de manzanilla y casi cualquier otra cosa que pudiera conseguir: hojas, hierbajos, lo que fuera. Las envolvía en trozos de periódico y se ponía a fumar como loco, para desaparecer detrás de una nube de humo pestilente. Era como si se estuviera fumando una fogata.

Una de las personas que vivió con nosotros y que se quedó cerca de tres meses, era un primo mayor que se llamaba Walter. Un día nos dijo que intentaría escapar. A Walter lo atraparon durante la *Kristallnacht* y lo encarcelaron en el campo de concentración de Buchenwald, cerca de Weimar, Alemania, donde lo obligaron a construir y ampliar el lugar. Pero después lo soltaron, junto con otros afortunados que habían sido los primeros prisioneros judíos.

Walter nos contó historias de lo terribles que eran las condiciones en Buchenwald y de la manera brutal en la que lo habían tratado a él y a sus demás compañeros judíos.

A causa de los horrores de los que fue testigo, estaba decidido a escapar de Alemania, sin importar lo que tuviera que arriesgar.

Nunca sabremos, incluso hoy en día, si tuvo éxito o no. Un día estaba allí y al siguiente se fue. Es probable que haya logrado escapar a Suiza: era fuerte y podía viajar solo, de modo que las cosas estaban a su favor. Dado que nunca lo supe con certeza, elijo creer que logró escapar.

9

LA PRECIADA METRALLA

EL PRIMERO DE SEPTIEMBRE DE 1939 Alemania invadió Polonia, lo que dio arranque a la Segunda Guerra Mundial; el segundo conflicto armado que iniciaban en 25 años. Así que, aparte de todo lo demás, estábamos en medio de una zona de guerra.

Hubo un deporte que mis amigos y yo inventamos para pasar el rato. Claro que todavía éramos unos niños curiosos, inquietos y desesperados por cualquier aventura que pudiéramos inventar con tal de aliviar nuestro aburrimiento.

Colonia cuenta con un enorme patio de maniobras ferroviarias justo en el centro de la ciudad, cerca de la famosa catedral Dom. Era una estación nodal para muchos de los ferrocarriles que conectaban la parte occidental de Alemania con la central y, después, con Polonia y otros países de Europa del Este. De modo que era una ciudad estratégica y, a causa de ello, uno de los blancos favoritos de los bombarderos aliados.

La Real Fuerza Aérea Británica, la RAF, bombardeó esos patios de maniobras de manera constante a partir de mayo de 1940. También alcanzó las dos centrales eléctricas en las afueras de la ciudad. En aquellos días, no era frecuente que los bombarderos le atinaran a lo que querían. Así que la verdad era que no teníamos idea de qué era lo que caería ni dónde.

Recuerdo que los motores de los bombarderos tenían un sonido diferente. Algunos sonaban como si fueran aviones más pequeños y el tono era más agudo. Pensábamos que esos eran los bombarderos británicos. Tiempo después, los tonos de los motores se hicieron más graves y estridentes, por lo que pensamos que eran aviones estadounidenses.

En retrospectiva, me doy cuenta de que todos eran bombarderos británicos bimotores: Blenheims de Bristol, Hampdens, Whitleys y, más tarde, los Wellingtons de mayor tamaño. Los estadounidenses ni siquiera habían entrado en la guerra en aquel entonces, ni tampoco les estaban dando aviones a los ingleses. Pero incluso en ese momento, la sensación era que EUA era nuestra mayor esperanza; que acudirían a salvarnos. Supongo que estábamos cayendo en pensamientos ilusorios, esperando que el mundo exterior supiera lo que estábamos atravesando, intentando encontrar alguna manera de ayudarnos.

Como simples judíos, indignos de la vida y de la protección, no teníamos permitido guarecernos en los refugios antibombas en los que se escondían los gentiles alemanes durante los bombardeos nocturnos. Y si de casualidad había algún bombardeo durante el día, cuando teníamos permiso de salir a las calles, lo único que podíamos hacer era escondernos y cubrirnos de la mejor manera que pudiéramos para evitar que nos cayera alguna bomba, escombro o fragmentos voladores del acero de los proyectiles antiaéreos.

Pero, como éramos unos niños, convertíamos las secuelas de cada ataque en un juego particular.

A primera hora de la mañana después de un ataque nocturno, me reunía con un par de amigos con intereses similares, Herbert Levy y otro niño que se llamaba Rolf. Yo tenía un saco ilegal que no tenía cosida la estrella de David, de manera que de vez en cuando podía escabullirme por la ciudad sin que me detectaran y señalaran como judío. Era peligroso pero divertido.

Nos reuníamos muy en secreto, en un sitio que elegíamos desde la noche anterior, y actuábamos desenfadados para no atraer ninguna atención. Después de todo, los alemanes no tenían interés especial en nosotros. Solo éramos niños de entre 10 y 11 años, y no representábamos una gran amenaza para nadie.

Por la mañana, corríamos por toda la ciudad y competíamos para recoger los trozos de metralla más grandes y de aspecto más aterrador. Pensábamos que algunos podían pertenecer a las bombas aliadas; sin embargo, lo más seguro es que la mayoría fueran fragmentos de nuestros propios proyectiles antiaéreos que llovían sobre la ciudad después de explotar en el aire.

Un enorme trozo de metralla era mi más grande orgullo, según el estrafalario sistema de valores de nuestra pequeña banda de desaliñados carroñeros. Los trozos de acero retorcido casi siempre estaban oxidados cuando los recogíamos por las mañanas.

Quien encontrara el trozo más grande de metralla era el héroe del día. Recuerdo el olor de los fragmentos; el aroma a óxido, hierro y pólvora, a los residuos químicos de la explosión. Encontrábamos los trozos en los lugares más extraños; sobre las azoteas, en los callejones, en los árboles, arriba de carruajes y botes de basura.

Una vez que los recolectábamos, los compartíamos, tal como los niños que intercambian canicas o tarjetas deportivas. La emoción máxima era encontrar dos trozos que coincidieran entre sí, como las piezas de un rompecabezas. Eso significaba que provenían del mismo proyectil o bomba y, por alguna razón, pensábamos que eso era lo más emocionante que jamás habíamos visto.

Nuestros padres pensaban que estábamos locos. Hacían hasta lo imposible para mantenernos con vida, pero sus hijos se la pasaban corriendo por allí en busca de los restos de la guerra que nos amenazaba a nosotros y a casi toda Europa.

Estábamos decididos a inventar juegos, a explorar y a divertirnos como pudiéramos para entretener nuestras curiosas mentes. No teníamos nada. Solo un poco de comida y un sitio donde dormir por las noches, apretujados en departamentos pequeñísimos y deteriorados con el resto de nuestra familia. Encontramos maneras de escapar de nuestra realidad durante algunas horas y de portarnos como niños tontos a solas, corriendo por todas partes, en busca de inservibles trozos de metal reventados.

10

REPORTARSE PARA LA DEPORTACIÓN

UN DÍA DE OCTUBRE DE 1941, cuando tenía 12 años, llegó un mensajero de la Gestapo con una notificación oficial. Teníamos que reportarnos para nuestra «reubicación».

Nos sentimos confundidos y extrañados. Amontonados en el departamento que se asemejaba más a un clóset, nos empezamos a hacer preguntas que ninguno sabía cómo responder. ¿Adónde iríamos? ¿Sería un sitio mejor? ¿Podría ser peor? No teníamos idea. Estábamos consumidos por el estrés, la ansiedad y el terror. Habían seleccionado a nuestra familia para expulsarla de Alemania. Algunas de las personas del departamento se quedarían atrás.

Rara vez nos daban razones de por qué algo iba a suceder y, cuando daban alguna, lo más probable era que se tratara de una mentira. Los alemanes eran magníficos para inventar historias acerca de lo maravilloso que sería tu nuevo hogar, de cómo te iban a proporcionar trabajo, un mejor lugar donde vivir, más comida. Pero una y otra vez resultaba ser otro truco elaborado para engañarnos, a fin de que cooperáramos.

Nos ordenaron que nos reportáramos el lunes a un enorme centro de reunión en medio de la ciudad; era como un centro de convenciones que tenía espacio para miles de personas. Nos permitieron llevar una sola maleta para los tres. No se nos autorizó llevar alimentos. Nos ordenaron que nos presentáramos a primera hora de la mañana, listos para viajar a quién sabe dónde.

Fue aterrador. Nos estaban alejando por la fuerza de nuestra casa, de nuestra ciudad, de nuestros amigos y familiares, y nos enviaban a lo que sabíamos sería un mundo más peligroso y hostil, a completa merced de los nazis.

Hay veces en que la gente me pregunta «¿Por qué no se escondieron? ¿Por qué no se fueron?». La respuesta es que no había a dónde ir y no había quién nos ayudara si es que hubiera existido algún lugar. La población gentil de Alemania no se atrevía a esconder a los judíos; significaba poner sus propias vidas en riesgo, al igual que las nuestras. Algunas monjas y ciertos sacerdotes católicos hicieron lo que pudieron, por lo general en beneficio de familias católicas que se habían casado con judíos, pero había demasiados judíos y otros perseguidos como para que nos ayudaran a todos. Si tenías las conexiones y los recursos adecuados, además de mucha suerte, quizá podías encontrar alguna manera de esconderte o de huir. Nosotros no contábamos con nada de eso.

Además, como alemanes, estábamos bastante programados a seguir órdenes, a comportarnos de manera ordenada y respetuosa con la ley. Era parte de la cultura alemana: si el Gobierno decía que hiciéramos algo, lo hacíamos. Esa fue una de las razones por las que el pueblo alemán cayó en el poder de los nazis con tanta facilidad. Según la manera alemana de pensar, si no obedecías la ley, eras un delincuente. Nosotros éramos judíos, por supuesto, pero antes que nada, éramos alemanes. Sé lo extraño que suena eso ahora que sabemos cómo resultaron las cosas, pero así era en aquel entonces. Había una renuencia natural a ir en contra de la ley, incluso cuando la ley parecía no favorecernos. Fue como cuando mi papá pasó por encima de las trincheras durante la Primera Guerra Mundial. Sabía que podría terminar muerto; vio a muchos de sus amigos y compañeros masacrados por ametralladoras, gases venenosos y disparos de artillería que los rodeaba, durante meses y meses. Pero lo adoctrinaron a creer que morir por su patria era lo correcto.

Nos resignamos a reportarnos el lunes por la mañana, pero ya entrada la noche del sábado, los soldados regresaron a nuestro atestado departamento. Al parecer, decidieron que, si decidíamos tratar de huir con el fin de evitar la deportación del lunes por la mañana, las mejores probabilidades de atraparnos desprevenidos se darían un par de noches antes.

Tal y como sucedió durante la *Kristallnacht*, nos despertamos sobresaltados por la misma escena aterradora y estrepitosa: soldados que golpeaban la puerta; luces brillantes dirigidas a nuestros rostros para cegarnos; pastores alemanes que gruñían y mostraban sus dientes mientras forcejeaban para soltarse.

Es posible discutir con un hombre, tratar de razonar con él; pero sabes a la perfección que no puedes tratar de convencer a un pastor alemán enloquecido, que casi parece un lobo, de no atacarte.

Los soldados entraron de manera intempestiva por la puerta a nuestro departamento. Nos ordenaron que saliéramos de nuestro hogar, allí mismo y en ese instante. Nos arrearon por las escaleras mientras nos amenazaban con rifles, pistolas, bayonetas y perros. Solo nos teníamos los unos a los otros, y las pocas pertenencias que logramos tomar mientras nos apresuraban por la puerta escaleras abajo.

Los alemanes siempre preferían hacer su trabajo sucio en la oscuridad. Era su aliada porque por la noche estás confundido, tienes sueño y no puedes ver bien, por lo que es mucho menos probable que te resistas.

Recuerdo que nos detuvieron junto a otra pareja, y que nos arrastraron hasta la calle. Nos llevaron al centro de congregación cercano a la estación ferroviaria donde todo el mundo daba vueltas sin saber lo que pasaría. Debimos haber sido cerca de mil personas, todas apretujadas.

No teníamos comida y los alemanes no nos alimentaron; solo nos dieron agua. Algunas personas lograron pasar algunos dulces de contrabando en sus maletas y esa noche se convirtieron en oro, ya que alguna de las más afortunadas pudieron alimentar a sus hijos, yo entre ellos, con lo que llevaban.

Al día siguiente, nos subieron a un tren pequeño con apenas algunos vagones para pasajeros. Nos encerraron sin posibilidad alguna de escapar.

El tren se bamboleaba y chirriaba en dirección al este, hacia el otro extremo de Alemania. Las condiciones eran atroces. Nos rotábamos para que todos pudieran sentarse y pararse cada cierto tiempo por turnos. No había suficientes baños para todas las personas, de modo que no pasó mucho para que los vagones apestaran a letrinas. Había niños que lloraban y bebés que gritaban. Había madres y padres pasmados que intentaban tranquilizar a sus pequeños diciéndoles que todo iba a estar bien, a pesar de que estábamos seguros de que no sería así.

Al fin, llegamos a una ciudad sucia y descuidada. La gente en las calles se veía todavía más miserable de lo que nosotros nos sentíamos. Los hombres estaban sin afeitar y vestidos con harapos; parecían muertos de hambre, maltratados y exhaustos.

—¿Dónde estamos? —preguntó uno de los hombres del tren cuando llegamos a la estación.

—Están en Polonia, en la ciudad de Łódź —dijo uno de los esqueletos ambulantes de la plataforma—. Bienvenidos al gueto.

11

UNA HABITACIÓN, VEINTIDÓS PERSONAS

DESDE EL TREN, nos llevaron hacia otra área de reunión. Más adelante, la policía del gueto (judíos que colaboraban de manera indirecta con los nazis), nos dividió en grupos y nos proporcionó la dirección donde nos alojaríamos.

En comparación con Alemania, Polonia era un país subdesarrollado y muy pobre, incluso antes de la guerra. Los alemanes nos metieron en primitivos edificios de departamentos que en realidad no eran más que construcciones de ladrillos llenas de habitaciones; nada más. No había baños, ni agua potable, ni gas, ni calefacción ni muebles.

Algunas de las ventanas estaban rotas, lo que nos dejaba expuestos al cruel invierno polaco a mediados de octubre; hacía tanto frío que, si escupías, la saliva se congelaba antes de tocar el piso.

La policía del gueto atiborró a 21 personas, incluidos mi padre, mi madre y yo, en una habitación del tamaño de un cuarto para un niño.

El gueto completo estaba habitado por 160 000 personas, todas hacinadas en tan solo 20 000 habitaciones. Muchas de ellas eran inhabitables: los pisos estaban rotos y las paredes se desmoronaban. Era como si un tornado hubiera arrasado la ciudad. La mayoría de las estructuras se estaba viniendo abajo.

Los alemanes acordonaron algunas secciones de las ciudades polacas para que funcionaran como campos de concentración improvisados para los judíos, mientras se construían los verdaderos en las afueras de estas.

El gueto de Łódź era el segundo más grande; el de mayor tamaño se encontraba en Varsovia, la capital de Polonia.

Al igual que los guetos de Venecia y Roma del siglo XIV, el gueto de Łódź estaba aislado del resto de la ciudad. Los alemanes lo construyeron con rejas electrificadas y alambre de púas, torres de vigilancia y ametralladoras en cada cierta cantidad de metros.

El gueto de Łódź tenía una característica muy peculiar: la ruta del tranvía pasaba justo por el centro, y los gentiles polacos lo atravesaban cada que iban de un lado al otro de la ciudad. Para conectar los dos lados del gueto, los alemanes construyeron un puente de madera sobre las vías y lo rodearon con alambre de púas para evitar que los judíos se escaparan por allí.

Era un extraño submundo en el que ambas comunidades entraban en contacto una con otra. Nosotros, los judíos, podíamos ver que estos polacos y otros, mejor vestidos y mejor alimentados, se transportaban apenas a algunos metros de distancia, encerrados en sus limpios y seguros tranvías. Y, por supuesto, al menos durante los primeros días del gueto, los gentiles podían vernos a nosotros, a los miserables, grises y famélicos judíos.

El tranvía que viajaba por el centro del gueto era como un tren atestado de turistas curiosos que pasaban por un zoológico cruel y hacinado.

Más tarde, durante la guerra, lo que hicieron los alemanes fue pintar las ventanas del tranvía para que la gente de Łódź no pudiera ver lo atroces que se estaban haciendo las condiciones para los judíos muertos de hambre detrás de la alambrada.

No pasó mucho tiempo antes de que mi mamá, mi papá y yo nos viéramos igual de famélicos y harapientos que los judíos que vimos el primer día que llegamos a Łódź.

Judíos apresados cruzando el puente del gueto sobre el tranvía; Łódź, Polonia.
Foto: U.S. Holocaust Memorial Museum Archive.

En el gueto de Łódź había un gobierno judío, el *Judenrat,* dirigido por Mordechai Chaim Rumkowski, un judío pretencioso que decidió colaborar con los alemanes. Pensaba que, al organizar el gueto con la colaboración de otros judíos, podía evitar los «transportes» a los campos de concentración del este, los cuales sabía que eran campos de trabajo forzado y de concentración para los jóvenes, los débiles, los enfermos y otros indeseables. Era un tirano autocrático y sus estrechos vínculos con los nazis hicieron que la mayoría de los judíos del gueto estuvieran resentidos con él, por su aceptación servil de las órdenes de los alemanes y de las horripilantes tareas que lo obligaban a ejecutar.

Niños judíos se forman en una fila para obtener sopa en el gueto de Łódź en Polonia. De los 204 000 judíos que pasaron por el gueto de Łódź, solo cerca de 10 000 sobrevivieron a la guerra. Por lo general, separaban a los niños de estas edades de sus padres y los enviaban al campo de exterminio de Chelmno, en Polonia, para asesinarlos. Foto: U.S. Holocaust Memorial Museum Archive.

Era Rumkowski, no los alemanes, quien decidía quién se quedaría a trabajar en Łódź y a quién se llevarían al este. Los alemanes le indicaban una cuota, un número de personas a las que transportar, pero era él quien decidía exactamente quiénes irían. En esencia, era decisión de él quién podía vivir y quién moriría con casi toda seguridad.

Rumkowski creía que la mejor oportunidad de supervivencia de los judíos era organizar y crear una amplia variedad de industrias dentro del gueto, cada una de ellas diseñadas para aprovisionar a los alemanes y al esfuerzo bélico. Al hacer que el gueto fuera autosuficiente, y que incluso generara ganancias para los alemanes, razonaba que podría posponer, o incluso prevenir, que «liquidaran» al gueto. Es decir, podría mantener vivos a los judíos durante más tiempo al convertirse en aliados aparentes de los alemanes, y no en sus enemigos.

La administración de Rumkowski también organizó muchas de las instituciones del gueto de Łódź, cuya prioridad estaba dirigida a mejorar la vida de sus habitantes. El *Judenrat* estableció hospitales primitivos y algunas escuelas, además de organizar tareas de trabajo forzado para mantener la producción del gueto al máximo.

Rumkowski logró preservar el gueto de Łódź durante más tiempo que cualquier otro gueto judío en Polonia, y es posible que haya salvado muchas vidas al demorar los inevitables transportes a los campos de exterminio. Fue el único gueto que la SS nazi no manejaba de manera directa, de modo que, aunque las condiciones eran infrahumanas, también existe la posibilidad de que algunos judíos se salvaran al estar en menor contacto con los nazis asesinos prestos a disparar.

Sin embargo, mi familia y yo no sabíamos nada de esto cuando llegamos. Solo éramos tres judíos miserables, hambrientos, sucios y paupérrimos que hacían su máximo esfuerzo por sobrevivir en el presente, al mismo tiempo que nos aterraba nuestro futuro.

12

LOS CÁLCULOS DE LA SOPA

AL CABO DE ALGUNOS DÍAS, mis padres recibieron sus designaciones de trabajo. La policía del gueto nos explicó que, si teníamos trabajo, recibiríamos raciones adicionales de comida, de modo que mis padres estaban desesperados por conseguirlo. No había nada que hacer si no trabajabas y ninguno de nosotros estaba ansioso por pasar más tiempo del necesario dentro de nuestra horrible y apestosa habitación, atestada, del piso al techo, con desconocidos malhumorados y quejosos.

A mi madre la obligaron a trabajar en una fábrica que hacía los *stiefelplatten*, pequeñas placas de metal que se colocaban en la punta y el talón de las botas de los alemanes y que hacían que el cuero durara más tiempo. Esas placas eran las que permitían que el sonido de los alemanes al marchar fuera tan intenso y amenazante; no hay ningún sonido en el mundo que se compare con el de soldados alemanes marchando al unísono, a paso de ganso, sobre una calle empedrada.

A mi padre le ordenaron que trabajara en la reparación de la cerca del gueto, arreglando los postes, el alambre de púas y, siempre que necesitara mantenimiento por desgaste o cualquier otra razón, el alambre electrificado.

Lo que nos salvó de que nos enviaran de manera directa a un campo de exterminio como Chelmno o Treblinka fue una carta del káiser que mi papá guardó y en la que se detallaba su servicio militar y la medalla que obtuvo. Después también me enteré de que esa carta nos salvó de una muerte casi segura. Fue solo un trocito más de suerte que nos ayudó a evitar las constantes «selecciones» de gente a la que enviaban a morir.

Chelmno, que estaba a solo 85 kilómetros de distancia, no tenía fábricas ni barracas para los prisioneros porque casi ninguno de los transportados desde Łódź sobrevivía su primer día allí. Se les obligaba a desvestirse, los metían a camiones, los mataban con los gases de los tubos de escape y después los enterraban o quemaban en el bosque cercano.

Yo estaba decidido a encontrar trabajo: más que nada para conseguir las raciones adicionales, pero también para tener algo que hacer y conseguir mayores oportunidades de encontrar comida. Supuse, como todos los que me rodeaban, que mientras más valioso fuera para los alemanes, más probabilidades tendría de seguir vivo. Poco tiempo después, antes de cumplir los 13 años, me metieron al campo de trabajo del gueto, antes de que, según, realizara mi bar mitzvá (por cierto, nunca hice la ceremonia a pesar de todos esos años de memorizar la Torá y de estudiar hebreo en secreto).

Si no trabajabas, no recibías tu ración de sopa a mediodía. Recuerdo que tenía mi propio plato hondo de aluminio como todos los demás. Era mi posesión más preciada. Si no tenías un plato, no te daban sopa; así que le hice un hoyo en la orilla, le ensarté un trozo de cordón y llevaba el plato alrededor del cuello.

Una vez al día, a las 12:00, los trabajadores sacaban latas antiguas de la cocina comunal y un gran cucharón con el que servían la sopa. Se convirtió en un juego mortífero, en una especie de baile extraño, averiguar dónde debías formarte para obtener los trozos más nutritivos de verduras. No convenía estar al frente de la fila porque todos los trozos buenos se iban al fondo y lo único que te tocaba era caldo, pero tampoco querías estar al final porque no había garantías de que, si se acababa la lata, nos darían otra.

Algunos de los chicos más grandes me enseñaron a calcular el número de cucharadas que había en cada lata para entonces hacer maniobras en la fila y recibir algunas de las más cercanas al fondo;

las que traían más verduras y algunas calorías adicionales. Me sentía afortunado si encontraba una hoja de col, y toparme con un trozo de zanahoria era como ganarse la lotería.

Y esa era la razón por la que estaba tan desesperado por conseguir empleo: para recibir una comida extra al día; una más por la cual no tuviera que luchar por encontrar o robar.

Algunos chicos de mi edad no trabajaban, pero yo estaba decidido. Traté de conseguir un empleo en la fábrica de muebles para trabajar en un torno y hacer patas de madera para las mesas y las sillas, pero solo duró un día, porque de camino a casa después de ese primer día de trabajo, vi al primo de mi mamá, Jacob Levy, quien fue granjero cerca del área de Fráncfort en Alemania.

—¿Qué haces? —me preguntó—. No sabía que estabas metido aquí igual que yo—. Me platicó que llevaba tres meses ahí y que había conseguido un buen empleo; un lugar excelente en el que trabajar. —No te preocupes —afirmó—. Yo te puedo echar una mano. Veme en la esquina de esta calle mañana por la mañana y te llevaré conmigo.

No tenía idea de qué estaba hablando ni de lo que iba a pasar.

—No hagas preguntas —me indicó.

Resultó que Jacob era una figura importante dentro del gueto. Los alemanes necesitaban un experto en agricultura y él fue la persona perfecta para el trabajo. Era una *rara avis*; un judío alemán que también era granjero. Ganarse la vida al aire libre, en el campo, no era una de las profesiones preferidas por la mayoría de los judíos en ese entonces.

Era un agricultor vigoroso y rudo. Un tipo de baja estatura, pero poderoso y fuerte. Los alemanes estaban intentando cultivar la mayor cantidad de comida posible dentro del gueto para que no necesitaran suministrarla a los judíos desde afuera. Les gustaba trabajar con él porque hablaba alemán, lo que significaba que podían comunicarse sin dificultad, a diferencia de la mayoría de los judíos polacos del gueto que solo hablaban polaco y yidis.

Estaba a cargo de este pequeño proyecto agrícola; un campo enorme cercado por alambre de púas. Me aceptó como uno de los trabajadores de su granja. De modo que, de un momento a otro, tuve un trabajo diurno en el que laboraba 12 horas diarias.

También hubo otro hombre que me ayudó. Se llamaba Erich Marx y era de Colonia, al igual que nosotros. Era un hombre imponente e impactante; el capataz de los que trabajaban en la granja conmigo.

Todas las noches, mamá, papá y yo nos reuníamos con las demás personas de nuestro cuarto e intercambiábamos información: cualquier rumor que hubiéramos escuchado en el trabajo durante ese día.

Algunas personas guardaron sus posesiones más preciadas, como relojes, joyas, piedras preciosas y anillos, las cuales ocultaron en la bastilla de su ropa. Por supuesto, existía un mercado negro, de modo que poco a poco fueron vendiéndoles sus cosas a los judíos polacos que, a su vez, se las vendían a los guardias alemanes para comprar algo de comida adicional. Recuerdo que una mujer vendió un precioso anillo a cambio de medio kilo de cáscaras de papa, restos y basura que sacaron de contrabando de la cocina comunal.

Al caer cada noche, nos agazapábamos contra las paredes del cuarto con las piernas dobladas. Tomábamos turnos a lo largo de la noche y algunos de nosotros nos acostábamos durante una hora o un poco más mientras los demás permanecían sentados.

No había baño; solo una letrina exterior. En invierno, cuando las letrinas se llenaban, teníamos que salir al frío, a algún sitio cercano. Había montones de heces congeladas en las cunetas por la cantidad de gente metida en los cuartos. En el verano, tratabas de ir a algún lugar al aire libre y después, usaban mangueras para que todos los desperdicios se fueran por las alcantarillas abiertas. Pero sin importar qué temporada fuera, era una forma inmunda y asquerosa de vivir. También era la manera perfecta de propagar enfermedades.

13

EL MENSAJERO DEL GUETO

COMO INTENTO PARA ENCONTRAR algún alivio, mi padre seguía fumando siempre que podía cualquier cosa que encontrara. De modo que yo, el Señor Vivales, también decidí intentarlo cuando nadie me veía.

Como la mayoría de los chicos, admiraba a mi padre. Fumar lo hacía ver sofisticado, adulto e incluso impactante. Y si mi padre lo hacía, sin duda era lo que se debía hacer.

Encontré algo de manzanilla y otros yerbajos y los lie como lo hacía mi papá. Una noche, en una de las esquinas de la habitación, inhalé una enorme bocanada de humo y, de inmediato, me caí de lado y perdí la conciencia, como si alguien me hubiera noqueado. Así fue como me encontraron mis padres, inconsciente, tirado en el piso como un salmón en la pescadería.

Trabajar en la granja me ofrecía cierto alivio. Era trabajo rudo, pero al menos estaba al aire libre, lejos de todas las personas, el ruido y la peste, mientras hacía algo de utilidad.

El *Obersturmbannführer* Schwind, el hombre de la Gestapo a cargo de la granja y de la producción de alimentos, era un tipo corpulento; un oficial de la SS vestido de civil que llevaba el mismo saco de cuero negro que todos usaban y un sombrero tirolés, con todo y la plumita en su banda.

No me torturaba a mí ni a los demás prisioneros, pero se la pasaba gritando y pegando alaridos. Se llevaba bien con Jacob, el primo de mi mamá, porque hablaban el mismo idioma. Schwind debe haber estado en el negocio de la agricultura antes de la guerra porque sabía mucho al respecto.

También supervisaba la distribución de semillas y de las papas de siembra. Estas últimas se contaban de manera rigurosa porque, Dios no lo quisiera, ningún judío debía tener suficiente comida. Teníamos que cortarlas en cuartos para plantarlas y hacíamos lo mismo con las demás semillas: frijoles, chícharos, lentejas y maíz.

Un día Schwind se presentó y empezó a gritar órdenes a todos. Se enteró de que yo hablaba alemán, de modo que me tomó del brazo y me dijo: «Muchacho, te voy a convertir en el mensajero. Debes tomar el reporte diario del campo. Si no estoy aquí para las cuatro de la tarde, tienes que llevármelo al edificio administrativo». Eso significó que tenía que arrastrarme hasta el otro lado del gueto y cruzar el puente del tranvía más o menos cada tercer día. Incluso me consiguió una bicicleta para ayudarme a ser más veloz; la tuve durante tres o cuatro meses.

Recuerdo que la bicicleta estaba destartalada y herrumbrosa, pero me sentía fabuloso por ser tan importante y necesitar mi propia bicicleta. Sin embargo, no tenía la fuerza para pedalearla con mucha potencia. Tres o cuatro días por semana, me dirigía al puente, dejaba la bicicleta estacionada allí, y caminaba lo que quedaba del recorrido para entregar el reporte. Después, tenía que pedalear de vuelta al campo y ponerme a trabajar.

No recibí nada por ser el mensajero, pero era algo bueno en cierto sentido. Me daba tiempo y libertad de movimiento para poderme robar un poco de comida de vez en cuando. Si entraba a la cosecha, podía robarme algunas verduras o guardar un par de papas antes de que las contaran.

Llevaba unos pantalones «bombachos» con la parte inferior de las piernas atadas en los tobillos, por encima de mis calcetas. Había hecho un hoyo en cada uno de los bolsillos para que, cuando lograra conseguir un poco de comida, la dejara caer por el bolsillo hacia los pantalones, donde los soldados no la encontraran cuando nos inspeccionaran en las noches.

De vez en cuando, enterraba algunos trozos de papa de siembra en una de las esquinas del campo. Más tarde, cuando ya estaba oscuro, regresaba y los desenterraba. De haber sido descubierto, me hubieran matado. Así de duro teníamos que trabajar para poder sobrevivir.

La tragedia era que aun cuando conseguía alguna papa, no teníamos dónde cocinarla. Reuníamos astillas de madera cortando las vigas del ático poco a poco. Mi madre, mi padre y yo nos escabullíamos afuera en la noche, hacíamos un pequeño fuego y rostizábamos la papa, agazapados en alguna esquina, ocultos de los demás. No lo hacíamos dentro del cuarto porque podríamos incendiarlo; y porque nos veríamos obligados a compartir la papa con todos los demás.

Simplemente no habría alcanzado.

Yo solía tomar atajos a través de los campos, tanto de ida como de vuelta, con los reportes. Era Polonia a mitad del invierno y había nieve profunda por todas partes. Descubrí que si hurgaba por donde se habían cosechado las coles, crecían pequeñas colecitas, como las de Bruselas, sobre los tallos de las plantas bajo la nieve.

Comer esas pequeñas coles era excelente, pero esos mismos retoños atraían a los conejos. Podía ver sus huellas en la nieve. Y cazar un conejo me pareció magnífico… Pero ¿cómo?

Lo platiqué con otro chico que trabajaba en el campo conmigo. Encontró una manera de dejar un brote como cebo, con un hilo flojo a su alrededor, de modo que cuando el conejo llegara por el brote, el hilo lo agarrara del cuello y, quizá, lo estrangulara.

En todo el tiempo que hicimos el intento, solamente capturó uno, pero jamás me lo contó ni lo compartió conmigo; un día fui a ver cómo iba la trampa y encontré sangre en la nieve, donde lo mató y se lo comió.

Era una cuestión de supervivencia del más apto. Así eran las cosas. Y no estoy del todo seguro de que yo hubiera compartido ese conejo con él si hubiera llegado a la trampa primero.

14

LOS SONIDOS DE LA NOCHE

NOS SENTÍAMOS MISERABLES, pero como llevábamos apenas un tiempo relativamente corto en el gueto, estábamos en mejores condiciones que quienes llegaron antes. Las personas envejecían con mucha rapidez ahí adentro. La expectativa de vida era de alrededor de seis meses a causa de la falta de comida, el trabajo incesante y las enfermedades que se propagaban como fuego por los vecindarios.

Tan solo imaginar a 21 personas amontonadas en una sola habitación toda la noche era algo inimaginable; claro, si una se enfermaba, se enfermaban todas.

Cuando se les acababa el tiempo a las personas de cualquier vecindario particular en el gueto, cuando se hacían más delgadas, más débiles y menos productivas, desaparecían.

Podíamos escuchar estas redadas en la distancia casi a diario. Oíamos las sirenas, los perros que ladraban y el golpeteo de las botas de los alemanes. Oíamos el rugir y el estruendo de los camiones. Nunca se oían durante el día porque los alemanes utilizaban caballos para cualquier actividad rutinaria con el fin de preservar los camiones y ahorrar la gasolina para los tanques y los aviones. De modo que, cuando escuchábamos los camiones a mitad de la noche, sabíamos que algo estaba pasando.

En dos ocasiones nos despertaron las redadas nocturnas, y nos encontramos con manzanas enteras del gueto completamente desiertas. Jamás supimos lo que le pasó a esa gente.

En esencia, el gueto de Łódź era una antesala a la muerte. Los alemanes decidieron que casi todo aquel que enviaran a Łódź durante esa época tendría el destino de morir en alguno de los enormes campos de concentración: Chelmno, Treblinka o Auschwitz.

Pero esos campos tenían una capacidad limitada. Capacidad para los vivos… y capacidad para asesinar y disponer de los cuerpos. De modo que Łódź y los demás guetos eran áreas de detención para los nazis; sitios en los cuales almacenar a los judíos de Europa hasta que nos llegara nuestro turno para morir.

Claro está que los nazis trataban de exprimir la máxima cantidad de trabajo que les fuera posible de cada uno de nosotros, estuviéramos donde estuviéramos, ya que tenían una enorme necesidad de trabajadores esclavos que produjeran alimentos, uniformes y materiales de guerra de todo tipo, desde botas hasta bombarderos. Calcularon con enorme cuidado cuánto tiempo valía la pena mantener vivo a un prisionero. Durante algunos meses, incluso bajo condiciones crueles cercanas a la inanición, un judío podía ser de cierta utilidad para el esfuerzo bélico; sin embargo, cuando algún grupo llevaba cierto tiempo en el gueto y estaba demasiado debilitado o hambriento o mermado, lo reunían y se lo llevaban. Reemplazaban a los esclavos acabados con los recién llegados; judíos de países ocupados y personas que, en teoría, estaban en mejor condición física; justo de la misma manera en que nosotros reemplazamos a los desesperanzados y agotados judíos que estuvieron allí antes que nosotros.

Niños en labores forzadas en el taller de carpintería de Łódź. Henry Oster, de 13 años, trabajó aquí durante un día antes de encontrar empleo en la granja del gueto. Foto: U.S. Holocaust Memorial Museum Archive.

15

UN NIÑO HUÉRFANO DE PADRE

EL TRABAJO DE MI PADRE de llevar a cabo el mantenimiento de la cerca del gueto era difícil y muy peligroso. A lo largo de la cerca, los alemanes tenían torres de vigilancia donde estaban apostados soldados más que dispuestos a dispararle a lo que fuera que se moviera. Si te acercabas demasiado, incluso si te ordenaban reparar la cerca, era casi seguro que te dispararan.

Esto tuvo un terrible efecto sobre mi padre. Lo obligaban a trabajar sin descanso y era frecuente que los alemanes les dispararan a él y a sus compañeros de trabajo. Un amigo de mi padre murió de esa manera. Un guardia le disparó en la cabeza porque lo descubrió tratando de rescatar un paquete que habían dejado del otro lado de la cerca.

A mi padre también lo hirieron de manera leve. Una tarde, regresó del trabajo sangrando de una herida de bala en el brazo. Había detectado una abertura en la cerca y, cuando un capataz estúpido lo forzó a salir al otro lado para trabajar en ella, el guardia de una torre cercana le disparó al pensar que estaba intentando escapar por el hueco. A los guardias los entrenaban para disparar si veían cualquier cosa fuera de lo normal. Si un prisionero escapaba, el guardia se metía en un enorme problema; sin embargo, si le disparaban a alguien por error, no pasaba nada. Después de todo, no era como si le estuvieran disparando a un ser humano verdadero; no se trataba más que de un judío.

La herida de mi padre no pareció ser seria; solo un rozón en la parte carnosa del brazo. Ya lo habían herido antes, en el Primera

Guerra Mundial, y lo soportó; actuó como si no fuera gran cosa. Mi madre le limpió la herida, la vendó y mi padre se marchó a trabajar al día siguiente. No tenía otra opción. Si no se presentaba a trabajar, no comía y ya estábamos al borde de la inanición.

Cerca de un mes después, regresó temprano de su trabajo. Se sintió más débil que de costumbre, de modo que le permitieron regresar a casa aproximadamente una hora antes de la salida habitual. Recuerdo que cuando llegó dijo: «Me siento muy cansado».

Mi padre tenía tanto tiempo trabajando de manera ardua que llevaba meses muriendo de hambre, además de que padecía de una depresión realmente intensa. Había sido un hombre fuerte y exitoso; un miembro más que respetado dentro de nuestra comunidad. Se forjó una trayectoria profesional impactante, pero cuando los nazis se llevaron todo, su trabajo, su hogar, su capacidad para protegernos, fue como si una chispa se apagara en su interior.

El día que llegó temprano estaba tan debilitado que le costó llegar hasta nuestra habitación.

—Dios mío —dijo—. Estoy tan exhausto que casi no pude subir por las escaleras.

Yo estaba parado en el piso cerca de un sitio para dormir; no teníamos cama, de modo que se tuvo que acostar sobre el suelo en una cobija que compartíamos con las demás personas de la habitación.

Yo no tenía idea alguna de lo enfermo que estaba en realidad. Me quedé allí, cuidándolo con mi madre, otras dos mujeres, y un par de amigos de la familia. Mi madre exclamó: «¡Hans! ¡Hans!», y él ya no respondió. Solo se quedó viendo al techo con los ojos muy abiertos. Fue como si gruñera desde lo más profundo de su garganta.

Mi madre se dio cuenta de que no estaba respirando. Me susurró, lo más gentilmente que pudo: «*Er ist weg*», «Se fue». Fue un adiós silencioso, sencillo y carente de todo dramatismo. Tan solo dejó de estar allí.

* * *

Años después, encontré el registro alemán oficial de la muerte de mi padre en los archivos del hospital del gueto de Łódź; cosa irónica, por cierto, porque jamás fue a dar al hospital. Simple y sencillamente, regresó a casa un día, se acostó sobre una cobija y murió. La causa de su muerte se atribuyó a un «catarro bronquial» o pulmonía. No recuerdo que ningún médico ni personal sanitario fuera a la casa, pero lo más seguro es que, después de morir, las autoridades locales del gueto hayan llegado y obtenido la información sobre cómo murió por boca de mi madre o de alguien más de la habitación.

Estábamos destrozados por la tristeza, el horror y la incredulidad, además de que nos quedó la horripilante tarea de lidiar con el cadáver de mi papá.

Mi mamá, nuestros amigos y yo recogimos a mi padre del lugar en el que estaba, lo bajamos por las escaleras y lo sacamos por la puerta del frente. Después, pusimos su cuerpo con la mayor gentileza que pudimos en el arroyo de la calle.

Nos vimos obligados a dejarlo allí esa noche; en el mismo arroyo en el que la gente arrojaba sus desperdicios. No había nada más que pudiéramos hacer; ese era el procedimiento oficial para lidiar con los cadáveres en Łódź. Dejamos a mi padre en la calle frente a la casa y volvimos a subir las escaleras, aturdidos y devastados, a esperar el paso de la noche, sabiendo que allí estaba, muerto y solo.

Cuando lo llevamos afuera, traía puesta la ropa que usó en el momento de su muerte, pero en la mañana ya estaba desnudo. La gente de Łódź estaba tan desesperada por cualquier cosa que pudiera ser de valor que le robaron la ropa.

Cada mañana pasaba una carreta que recogía a los muertos. Siempre había muertos.

Vi cómo dos hombres saltaron de ella, agarraron a mi padre de piernas y brazos, y lo arrojaron adentro. Allí estaba, con los brazos colgados, sobre una pila de cadáveres, todos cubiertos con las heces y los residuos del arroyo.

Caminamos detrás de la carreta mientras rebotaba por el empedrado. Mi madre y yo caminábamos como zombis en esta terrible y pequeña procesión en la que veríamos dónde terminaría su cuerpo.

Cuando llegamos al cementerio, los tipos que iban empujando la carreta se dirigieron al frente, lo inclinaron y tiraron los cuerpos grises y demacrados en un montón; había brazos y piernas enredados entre sí. La escena fue como una imagen muy realista del infierno, pero con un hedor terrible y asqueroso; una pestilencia que se hacía aún más terrible al saber que mi padre estaba allí, frente a nosotros, arrojado a la basura como si se tratara de un perro muerto.

No tuvimos más opción que dejarlo allí, dar la vuelta y regresar a la casa.

Fue una noche terrible e intolerable. El día anterior habíamos sido una familia en las peores condiciones posibles, sin gran futuro, pero una familia, al fin y al cabo. Solo estábamos mi madre y yo, en un mundo que parecía empeñado en matarnos a todos.

Uno de los trabajadores del cementerio nos dijo que habría un entierro por la mañana; la religión judía requiere que el entierro se lleve a cabo al día siguiente, a menos que suceda en sábado. Tenían sudarios hechos de gasa. Otro de los trabajadores nos preguntó: «¿Cuál es el suyo?».

—Es ese —dijo mi mamá, señalándolo con el dedo.

Lo arrastraron del montón y lo envolvieron. Después, lo agarraron entre los dos y lo arrojaron en un hoyo.

Si ese cementerio existiera en la actualidad, creo que podría encontrar el sitio donde enterraron a mi padre. Estaba muy cerca de la valla que bordeaba el terreno. Había filas y filas de lápidas rotas y tiradas: a los alemanes les hacía mucha gracia patear las lápidas y profanar las sepulturas de los judíos.

Uno de los hombres tuvo la gentileza de rezar el *Kaddish*, la oración para los difuntos, pero no hubo ceremonia alguna ni estuvo presente un rabino.

Yo no tenía permitido orar el *Kaddish* porque aún no era un hombre; no había hecho el bar mitzvá.

Recuerdo que mi madre estaba tan traumatizada que tampoco pronunció el *Kaddish*. Los dos nos sentimos culpables por eso; sentimos que no hicimos lo que se esperaba de nosotros, por nuestra religión y por nuestras tradiciones. Sentimos que fallamos como familia.

Simplemente estábamos demasiado conmovidos e insensibilizados por nuestro pesar. A mi padre lo mataron de hambre y de exceso de trabajo.

Sin embargo, sentí, de una manera extraña y enfermiza, que al fin se había liberado de esta pesadilla viviente.

Los hombres cubrieron su cuerpo con tierra. No hubo lápida; no hubo nada. Solo un montón de tierra sobre el piso.

Solo quedábamos mi madre y yo.

16

LA AMABILIDAD DEL VERDUGO

UNO DE MIS TRABAJOS EN LA GRANJA del gueto era subirme a los árboles y piscar las cerezas olvidadas en la cosecha. Los cerezos estaban plantados a las afueras de la pared del cementerio y representaban un desafío único.

Después del trabajo, los soldados nos registraban, de modo que resultaba demasiado peligroso tratar de llevar las cerezas de contrabando a nuestra habitación. Si me comía una mientras me encontraba en el árbol y escupía el hueso al piso, estaba acabado. Nadie más subía al árbol, y los alemanes sabrían que los huesos habían sido arrojados por mí.

Desarrollé una técnica para comerme las cerezas sin separarlas de sus tallos. Encontraba un lugar muy alto y oculto por las hojas del árbol. Cuando me parecía que estaba a salvo, mordisqueaba con velocidad la carne de alrededor del hueso, como si fuera una ardilla. El hueso quedaba colgado del tallo, muy arriba, donde nadie pudiera verlo, y si acaso alguien alcanzaba a hacerlo, podía culpar a los pájaros.

Sin embargo, si el árbol en el que estaba trepado estaba cerca de la pared del cementerio, podía tirar los huesos, uno por uno, sobre el muro.

Después de casi seis meses de vivir en el gueto, conocí a un par de tipos polacos, hermanos, que también trabajaban conmigo en la granja. Estos dos muchachos tenían una infinidad de tareas. Sabían cómo manejar una granja y yo traté de aprender lo más que pude de ellos. En realidad, no éramos amigos porque yo era muy joven y pequeño en comparación con ambos. Era casi una especie de mascota para ellos, como un cachorrito adoptado.

Eran tipos fuertes y musculosos. El hermano mayor era grande, fuerte y de aspecto malévolo, con hombros enormes. Parecía verdadero matón. Su hermano menor era igual de amenazante, pero bastante más bajo. Supuse que sería buena idea congraciarme con ellos e intentar ser su amigo.

Sin duda, un niño pequeño como yo no querría tenerlos de enemigos.

Después de que llevaba un par de semanas de conocerlos, empezaron a regalarme una rebanada de pan de vez en cuando. Podía llevármela a casa por las noches, mordisquear algunos trozos para mí y, después, compartirlo con mi madre cuando todos los demás estaban dormidos. Por alguna razón, siempre me daban el pan los lunes. Nunca les pregunté por qué; simplemente estábamos agradecidos de recibirlo. Lo único que yo quería era asegurarme de mantener mi relación con estos tipos rudos que estaban ayudándonos a seguir con vida.

No nos obligaban a trabajar los domingos; sin embargo, un domingo en particular, los alemanes y la policía del gueto se presentaron de manera repentina en el vecindario y nos sacaron a todos de nuestras habitaciones.

Al principio, pensamos que era una redada de día. Estábamos aterrados. Los alemanes trataron de tranquilizarnos un poco y nos dijeron que nos llevarían a ver una atracción, aunque sabíamos que no había manera de confiar en ellos.

—No, no; no es una redada. Solo tienen que dirigirse hasta ese campo de allá; les vamos a enseñar algo divertido.

Por vez primera nos estaban obligando a mirar lo que los alemanes llamaban «Entretenimiento dominical». Ya habían obligado a otras secciones del gueto a verlo y nos habían contado al respecto, pero esta era la primera vez en que sometían a los de nuestra calle para verlo.

Nos llevaron a un campo sin cultivar. Había un patíbulo de madera, una plataforma gigante, con tres horcas colgadas de una viga erigida en el centro. Entonces comprendimos de qué se trataba.

Iban a colgar a judíos que habían roto alguna regla o que habían tenido la mala suerte de que los acusara un miembro de la SS o de la Gestapo, y nosotros íbamos a presenciarlo, nos gustara o no.

Levantamos la mirada y vimos a tres judíos miserables, sus manos atadas tras la espalda, esperando morir. Una por una, obligaron a cada víctima a subir por las escaleras. Recuerdo que tuvieron que subir a alguien por la fuerza, como si fuera un muñeco de trapo porque sus pies rehusaban sostenerlo. Un hombre enorme y forzudo detenía a cada víctima mientras otro colocaba la soga alrededor de su cuello. Entonces, el hombre que les había puesto la soga leía el nombre de cada condenado, junto con el delito que se suponía que había cometido:

Por robarse una zanahoria del Reich.
Por desobedecer a un alemán.
Por tratar de escapar.

Uno por uno, soltaban a los hombres. Al llegar al final de la cuerda, sus cuellos se torcían hacia un lado y sus cuerpos rebotaban por el aire cuando la soga se estiraba y se recogía de nuevo. La multitud a nuestro alrededor emitió gritos ahogados y lloró. Los cuerpos colgados se sacudieron y convulsionaron durante algunos agonizantes segundos y, después, se quedaron quietos mientras giraban al final de la cuerda.

Mi madre y yo quedamos en la parte de atrás de la muchedumbre. Los dos estábamos aterrados. No hizo intento alguno por protegerme de este horror; para ese momento, los dos estábamos tan afectados por la desintegración de nuestras vidas que nos habíamos convertido más en un equipo que en una madre y su hijo. Yo la trataba de proteger a ella tanto como ella a mí. Me tomó un par de minutos encontrar el valor para levantar los ojos y ver lo que estaba sucediendo sobre la horca.

Con un sobresalto, reconocí a los dos hombres que estaban parados sobre el patíbulo. Los verdugos eran mis dos amigos, los hermanos polacos con aspecto amenazante. Eran los hombres bien alimentados que me daban el pan adicional; ese pan que nos estaba ayudando a sobrevivir a mi mamá y a mí semana con semana.

Al fin me di cuenta de la razón por la que nos daban el pan todos los lunes. Era el pago que recibían por colgar a sus compañeros judíos los domingos.

A la mañana siguiente, volvieron a darme esa rebanada adicional de pan, como siempre. Supongo que nos la daban para tratar de aliviar sus conciencias, aunque fuera un poco.

Como siempre lo hacían, no me dijeron una sola palabra de dónde venía y yo no se los pregunté. Al igual que todos los lunes anteriores, me llevé el pan a casa y lo compartí con mi madre.

17

EL SECRETO EN EL ÁTICO

UNA NOCHE ACALORADA y bochornosa de julio de 1943, los alemanes vinieron por nosotros. Fue una redada justo como las que habíamos escuchado en otras secciones del gueto. Como a tantos antes de nosotros, nos seleccionaron para desaparecer.

Un minuto estábamos dormidos y, al siguiente, la calle se llenó de ruido, luces enceguecedoras y caos. Primero, escuchamos el rugir de los camiones y de las llantas de los automóviles sobre el empedrado, así como pastores alemanes que ladraban; y, después, el pesado transitar de las botas de los hombres que corrían escaleras arriba en cada edificio, que golpeaban a las puertas y que gritaban a todo pulmón.

—¡Levántate, judío! ¡Muévete, muévete, muévete! ¡Por allí! ¡No, por ese otro lado! *Schnell! Schnell! Schnell!*

La mayoría de los soldados eran alemanes de la SS; sin embargo, algunos eran guardias del ejército polaco, nacionales capturados que decidían colaborar con los alemanes en vez de terminar fusilados o muertos por inanición. No les importaban ni a ellos ni a nosotros. Eran el enemigo.

Mientras todos salíamos de la habitación poco a poco, arrastrando los pies, en una triste fila, detuve a mi mamá por unos segundos. En los meses anteriores estuve explorando la habitación para tratar de ver por dónde podríamos escapar si una redada venía por nosotros. Pensaba que tenía una idea.

Por unos breves instantes, mientras nuestros compañeros bajaban las escaleras, llevándose consigo sus pocas posesiones, mi madre y yo nos quedamos a solas.

Justo por encima de la puerta, algo más arriba del travesaño, había una portezuela que conducía a un pequeño ático. Me paré sobre la perilla de la puerta, me jalé de la orilla del travesaño y empujé la portezuela. Una vez adentro, me estiré y tomé las manos de mi madre para jalarla hacia mí. Yo me sentía débil, pero para ese entonces ella casi no pesaba nada.

Silenciosos como unos ladrones de casas, colocamos la portezuela de vuelta en su sitio y nos arrastramos sobre las vigas polvosas y llenas de telarañas, tropezando en la oscuridad hasta la parte posterior del ático.

Al paso de los meses habíamos rasurado la parte de arriba de las vigas con un cuchillo para obtener las astillas con las que hacíamos nuestras pequeñas fogatas, pero hacia la parte de atrás, había una viga más alta que aún no tocábamos. Nos deslizamos detrás de ella, en la esquina estrecha en la que el techo se unía a las vigas, y nos agazapamos lo más que pudimos, en absoluto silencio, entre las heces de ratón y la suciedad. Desde allí, podía asomarme por debajo de los aleros del edificio. Al fondo de la calle, pude ver a los alemanes arriando a nuestros compañeros para subirse a los camiones: hombres, mujeres y niños. Algunos de ellos llevaban maletas consigo en un intento por salvar la poca ropa y objetos de valor que les quedaban.

Los alemanes, minuciosos como siempre, vinieron a buscarnos. Escuchamos cómo se abría la portezuela del ático y la hacían a un lado. Aguantamos la respiración cuando uno de ellos asomó la cabeza y empezó a buscar con su linterna cuadrada. Estábamos seguros de que nos vería o escucharía. Podíamos oírlo, a algunos metros de distancia, respirando con dificultad por el esfuerzo de subir al ático. Al fin, después de lo que pareció ser una hora, pero que apenas se trató de algunos segundos, se dio por vencido y se fue.

Lo escuchamos bajar por las escaleras. Los gritos, el llanto y el escándalo metálico de los clavos de las botas y los rifles empezaron a apaciguarse. Nos permitimos respirar un poco. Escuchamos cómo arrancaban y se alejaban los camiones, y pudimos oler el aroma dulzón de los gases del escape del motor, que se filtraban al ático a través de los aleros abiertos del edificio.

Más o menos después de una hora, cuando estuvimos casi seguros de que todos se habían ido, volvimos a bajar por la portezuela. Estábamos solos: únicamente mi mamá y yo en la oscuridad de un edificio que apenas una hora antes estaba repleto de nuestros congéneres judíos.

Cuando llegó la mañana, actuamos como si nada hubiera sucedido. Fuimos a trabajar como siempre. Al parecer, los alemanes no correlacionaban los nombres de las personas que se llevaban en las redadas contra los de las personas que trabajaban a diario; de modo que siempre y cuando nos presentáramos a trabajar, seguiríamos recibiendo nuestras raciones, por más escasas que fueran.

Los soldados jamás admitirían que se estaban llevando a las personas para matarlas. Si le preguntabas al *Obersturmbannführer* Schwind, o a cualquier otro alemán lo que les pasaba a las personas a las que se llevaban, siempre recibías la misma respuesta: «Se fueron a un mejor lugar. Un sitio donde les darán un mejor trabajo y mejor comida». Y, entonces, sacaban el mismo cliché de siempre, su mantra constante: «*Arbeit Macht Frei*», «El trabajo los hará libres». Nos repetían que, si nos comprometíamos a trabajar, nos darían de comer.

Sin embargo, sin importar lo mucho que trabajáramos, la comida nunca llegaba.

Después de algunos días, un nuevo grupo de judíos que se veían tan gordos y saludables como nosotros seis meses antes, se mudaron al cuarto. De nuevo nos apretujamos, codo con codo.

Después de algunos meses, hubo otra redada nocturna. Utilicé el mismo truco y mi madre y yo nos escondimos tras la viga alta del ático.

Nos hacía sentir mal no contarles a los demás acerca del lugar donde nos ocultábamos, pero de haberles dicho, nos hubieran descubierto a todos. Después de todos estos años, sigo sintiéndome mal al respecto. Sé que lo hice para salvar a mi madre y para salvarme a mí mismo; no tuve otra opción. Sin embargo, fue una elección terrible. Por un lado, sobrevivimos un poco más de tiempo. Les ganamos a los nazis; nos burlamos de los asesinos un poco. Todavía me quedaba una pequeña y fugaz sensación de control. Mi madre y yo seguíamos allí. Vivos. Si tan solo nos seguíamos ocultado una semana más o un mes más, quizá evitaríamos otra redada.

Como era de esperar, la gente a la que se llevaron desapareció de la faz de la tierra. No teníamos idea de adónde los trasladaban. La mayoría de nosotros llevaba años aislada y engañada. No teníamos idea de lo que estaba pasando en el exterior.

Lo que sí sabíamos con certeza era que una vez que se llevaban a alguien, jamás regresaba.

Con algo de astucia y de muchísima suerte, mi madre y yo logramos mantenernos un poco adelantados de las redadas e incursiones. Parece increíble ahora, pero sobrevivimos en ese purgatorio durante más de tres años, mientras oleadas de otras personas iban y venían. Esto se debió, en parte, a que los dos logramos conseguir y conservar nuestros trabajos, lo que nos mantenía fuera de peligro al menos parte del tiempo.

Las personas desaparecían a todas horas. El primo de mi madre, Jacob, que me ayudó a conseguir mi trabajo en el campo, regresó a casa un día y descubrió que se habían llevado a su familia entera. Vaciaron su cuadra. Su esposa y sus tres hijos se esfumaron después de una redada diurna.

Un buen día, Erich Marx y su esposa, Sharon, que trabajaban en la oficina de la granja, desaparecieron en una redada. Fue como si jamás hubieran existido.

Un día de abril de 1944, recibí el aviso de que a mi madre y a mí nos habían asignado recoger la cosecha de otoño. El aviso prometía que cuando nos reportáramos, recibiríamos un distintivo y papeles que nos autorizarían recoger las cosechas de esa temporada. Indicaba que las familias podían permanecer juntas y trabajar juntas si también se reportaban juntas. Prometía que no nos separarían y que, si nos presentábamos para hacer el trabajo de manera adecuada y voluntaria, no nos llevarían en ninguna redada, ni de noche ni de día.

Nos indicaron que nos presentáramos en el patio entre las barracas administrativas cerca de la oficina del gueto.

Trabajar en el campo había sido muy ventajoso para mí y estaba ansioso porque mi madre consiguiera, de ser posible, hacer lo mismo que yo, de modo que corrí para decírselo. La convencí de que eso era justo lo que debíamos hacer.

No obstante, cuando llegamos a patio, las cosas empezaron a ir mal. De entrada, parecía haber demasiadas personas solo para reunir la cosecha. Había entre quinientas y seiscientas personas atiborradas entre los dos edificios, formadas para recibir los fabulosos distintivos, no nos importaba cómo se veían.

En ese momento no lo sabíamos, pero era una trampa.

Siempre recordaré que las ventanas de las barracas estaban decoradas con contraventanas tirolesas, del tipo que se puede cerrar desde afuera para que no entren ni la nieve ni el viento. Le daban a la plaza el aspecto de un sitio para vacacionar en los Alpes durante el invierno. Recuerdo que pensé que era raro que las contraventanas estuvieran cerradas durante el día.

El pasmo y el silencio se apoderaron de la muchedumbre: los guardias de la parte de atrás de la conglomeración estaban arreando a todos hacia adelante.

Un oficial alemán empezó a gritar desde el final del patio:

—*Achtung! Achtung!* ¡Todo el mundo de pie! ¡Párense todos!

Todas las contraventanas se abrieron de golpe, mostrando las ventanas abiertas. Detrás de cada una estaban guardias con ametralladoras que apuntaban hacia nosotros. Más atrás había un camión abierto con una ametralladora cortándonos el paso.

Quedamos atrapados sin posibilidad alguna de escapatoria.

Y ahí empezó el paseo.

18

EL TREN

LOS ALEMANES NOS ARREARON desde el patio hacia una calle estrecha. No tuvimos que caminar mucho. Cerca, había un apartadero ferroviario, una estación ampliamente fortificada en donde trasladaban personas y suministros adentro y afuera de Łódź; el mismo sitio al que llegamos al gueto meses antes.

Nos esperaban seis vagones de carga cerrados. Debe haber habido un par de cientos de personas atrapadas allí con nosotros, apretujados en cada vagón de madera.

Los alemanes nos tenían rodeados con perros, fusiles y bayonetas. Algunas personas gemían y se quejaban. La mayoría eran hombres que rogaban que les permitieran regresar por sus esposas y sus hijos; las familias a las que dejaron atrás cuando los enviaron al patio.

El tren empezó a resoplar y a moverse hacia adelante. El caluroso sol de agosto que caía sobre el techo sin piedad y el calor de esa cantidad de humanos apretujados en un espacio tan estrecho, empezaron a cobrarnos factura.

Estos eran vagones cerrados de carga, del tipo que se utiliza para transportar cerdos y ganado. No tenía ventanas, solo algunas pequeñas aberturas cerca del techo, cubiertas con alambre de púas. Mi madre y yo estábamos apretados, chocábamos unos con otros, sin idea de adónde nos dirigíamos ni lo que iba a suceder con nosotros.

No había espacio ni para que alguien se acostara o se sentara, por lo que nos golpeábamos y codeábamos entre nosotros. Así que tomábamos turnos para sentarnos o estirarnos si teníamos oportunidad de hacerlo. Había viejos, ancianas y niños apretados junto con aquellos en mejores condiciones.

No teníamos comida ni agua, solo una sucia cubeta que metieron antes de cerrar y asegurar las puertas tras nosotros, en la que se suponía que debíamos orinar o defecar.

Hacia un calor sofocante. Algunas personas no pudieron tolerarlo. Una pareja de ancianos murió adentro. Solo quedaron tendidos, enredados entre nuestros pies, aplastados junto con los vivos.

El tren siguió su marcha durante toda la noche y hasta el día siguiente. En algún momento de la tarde, se detuvo. No teníamos idea de dónde nos encontrábamos ni de lo que nos estaba sucediendo. Gracias a mi tamaño y a que era fácil de cargar, algunos de los hombres mayores me levantaron para que pudiera asomarme a través del alambre de púas y ver lo que había afuera.

No había nada. No podía ver nada más que pastizales. Solo se veía el cielo, la hierba y la tierra. Había algunos alambres encima de los postes junto a las vías y nada más.

Nos quedamos allí durante lo que sin duda fueron un par de horas y, después, mientras empezaba a caer la noche, el tren retomó su marcha.

Tengo la idea de que los nazis lo hacían de manera deliberada; esperaban a que oscureciera para llevarnos a nuestro destino. Siempre que nos detenían, disfrutaban hacerlo por la noche para que pudieran mantenernos alerta y aterrados, como animales a los que conducían al matadero.

El tren chirrió al detenerse y escuché gritos y golpes. Abrieron las puertas de par en par y nos vimos cegados por reflectores dirigidos directo a nuestros ojos.

—¡Bájense! —gritaron los soldados—. ¡Rápido! ¡Muévanse! ¡Muévanse! ¡Muévanse!

Estaba más que aterrado; mis sentidos, se quedaron paralizados. Todo lo que pude hacer fue arrastrarme junto con los demás. Cuando estás espantado y exhausto, y además te ves atacado, tu cerebro tiende a apagarse; a entrar en modalidad de supervivencia... justo lo que los nazis querían que sucediera.

Salté del vagón con gente amontonada al frente y detrás de mí. Los soldados estaban listos, empujándonos y golpeándonos con rifles, palos y porras si mostrábamos cualquier señal de duda, cualquier asomo de resistencia. También estaban los pastores alemanes que trataban de zafarse de sus correas, listos para destazarnos.

Volteé y me detuve para tratar de ayudar a mi madre a bajarse. Estaba debilitada por el agotamiento y la inanición, y además, extremadamente delgada. Esa noche, tenía 43 años, pero parecía vieja, inútil y débil; casi como un esqueleto.

Traté de aferrarme a ella, de ayudarla como pudiera. Un par de los otros hombres y yo la bajamos al piso, nuestros pies se deslizaban, inestables sobre la grava que estaba junto a la larga plataforma de concreto de la estación.

Había una infinidad de soldados, oficiales y miembros de las SS que nos empujaban de un lado al otro. Le gritaban y golpeaban al flujo constante de niños, mujeres y hombres.

—¡Hombres a la derecha! —gritaban—. ¡Mujeres a la izquierda!

Por un solo instante me di cuenta de que nos estaban separando a mi madre y a mí a jalones. Nos estaban alejando. Fue como si nos atrapara un tornado y nos levantara al cielo, lejos el uno del otro. Sucedió con cierta fuerza. Fue un tirón que pude sentir.

Vi extrañeza, confusión y terror en sus ojos. Estoy seguro de que vio lo mismo en mí. Ya era un joven de 15 años, su niño, su hijo. Estaba tratando de cuidar de ella, y ella intentaba cuidar de mí... y ninguno de los dos podía hacer ni una ni otra cosa.

No tuvimos oportunidad de despedirnos. Nos separaron de golpe y eso fue todo; como si alguien me hubiera arrancado un brazo. Y se fue, arrastrada a otra fila con el resto de las mujeres.

* * *

Estaba solo entre un torrente de hombres y niños desesperados, y de nazis brutales que nos gritaban. En medio de la oscura noche, con los reflectores en los ojos, me parecía imposible ver. Era una vorágine de luces enceguecedoras y de sombras negras como la tinta. Apenas y podía mirar a la gente parada junto a mí.

Los guardias obligaron a la columna de hombres a moverse a un extremo de la plataforma. Allí había un alto oficial alemán de la SS, resplandeciente con su uniforme y sombrero militar con visera, parado sobre una extraña caja de madera. Miraba a la muchedumbre, inspeccionándonos.

Mientras cada uno de nosotros pasaba frente a él en fila, movía su fuete de una dirección a otra. Estaba dividiendo la columna de hombres en dos y enviando a los hombres más viejos y débiles hacia un lado y a los muchachos más jóvenes al otro.

Mi miró de arriba abajo, de la misma manera en que un carnicero estudia una res.

Señaló al lado derecho.

Ahora, por supuesto, el mundo entero sabe lo que eso significaba, pero hasta donde yo creía, estaba seleccionándome para el trabajo que me asignarían o para las barracas en las que dormiría.

Nos obligaron a irnos en la noche y, después, nos empujaron al interior de unas barracas grises donde nos topamos con más guardias de la SS y algunos otros hombres en uniformes azules y blancos a rayas.

Estos nos preguntaron si alguno de nosotros había trabajado como policía adentro del gueto. Tres tipos levantaron la mano; fue una pésima idea. Al parecer, esperaban que se les diera el mismo trato especial aquí dentro: la comida extra y los privilegios que recibieron en Łódź por trabajar con los nazis en contra de sus compañeros judíos.

En lugar de ello, los hombres judíos los apalearon sin piedad. Golpearon a uno de ellos hasta matarlo.

Su cuero cabelludo quedó abierto justo frente a mis pies.

—¡Tienen que quitarse la ropa! —gritaron los de la SS en alemán, lo cual los internos tradujeron a polaco y yidis.

Me desnudé y arrojé mi ropa al montón en el que se encontraba la de los otros. Se nos ordenó que nos hincáramos. Yo temblaba de terror. Nos raparon de la misma manera en que un pastor trasquila a un borrego. Tras, tras, tras. Y mi negra melena quedó hecha bola sobre el piso, mezclada con el cabello de todos los demás.

Me empujaron por unos arcos de madera con unas boquillas de bronce de las que salía un químico maloliente. Se aseguraron de que quedáramos mojados por completo, que aquello se derramara incluso entre nuestras axilas y piernas. El líquido me lastimó como el infierno; ardía como si fuera ácido, en especial donde acababan de raparnos.

Nos hicieron meternos a unas regaderas, entre treinta y cuarenta de nosotros a la vez. El agua helada me quitó el aliento, pero al menos se deshizo del desinfectante, de ese veneno que hacía que mi piel se sintiera como si se estuviera quemando.

Nos arrearon al otro extremo del edificio. A la salida, había montañas de ropa y alguien en la penumbra nos arrojó un uniforme a cada uno: un bulto de tela áspera con rayas azules y blancas. Contenía una gorra, un saco, un par de pantalones y unos zapatos.

Nos dejaron parados, desnudos y pasmados, en un patio oscuro. Empezamos a intercambiar la ropa para tratar de encontrar algo que de verdad nos quedara. Yo tenía zapatos que eran cinco números más grandes, así que miré a mi alrededor y encontré a un tipo con pies grandes y zapatos chicos y los intercambié con él. También mi saco era gigante y me hacía ver como payaso, así que lo intercambié por uno más chico.

Uno de los reos dijo: «Bienvenidos a Auschwitz». Era la primera vez que escuchaba esa palabra.

Miré a mi alrededor, tratando de ubicarme. Había una pared alta de ladrillos a mi izquierda y una cerca de alambre de púas a mi derecha, en algún punto de la oscuridad.

A medida que mis ojos empezaron a acostumbrarse a la noche, me percaté de que la pared a mi izquierda formaba parte de un edificio que tenía una enorme chimenea. De ella salían humo, chispas y flamas, muy por encima de mi cabeza. Emanaba un olor a grasa sutil y asqueroso. Uno que parecía salir de cada ladrillo y tabla de madera de los edificios circundantes.

Recordé a la otra fila de hombres del viaje en tren que se fueron junto con nosotros. La de los niños pequeños y los hombres mayores y más débiles; a los que enviaron a la izquierda.

Allí estábamos nosotros, probándonos las gorras e intercambiando zapatos en el helado aire de la noche; pero los viejos y los niños que entraron en el otro edificio, el de la humeante chimenea, no volvieron a salir jamás.

19

UNA MANO LEVANTADA. UN BRAZO TATUADO

HACÍA FRÍO Y ESTABA MUY OSCURO. El sonido de un silbato, el terrible silbato del custodio, pareció perforar mi cabeza. El silbato me arrastró, como un ancla que jala a un ahogado bajo el agua, del santuario del sueño.

Cuando soñaba, aunque fuera apenas algunos instantes, era el pequeño Heinz Oster, aquel niño curioso de Colonia que alguna vez fui. A veces podía recordar lo que se sentía ser una criatura humana; el niño alemán inquieto y estudioso que tenía una vida, un hogar, una familia, un futuro.

Pero una vez que despertaba, ya no era «yo». Recordaba la verdad; que era un judío, un virus, un prisionero, un engrane en esta máquina asesina. Una vez que despertaba, no había dónde ocultarse.

Los hombres a mi alrededor se levantaron de sus astilladas camas y se obligaron a despertarse.

Recordé que me habían arrebatado a mi madre la noche en que llegamos. Supe que, sin duda, esa primera noche en Auschwitz, terminó en las cámaras de gas y después en los hornos.

Recordé que estaba congelado debajo de mi apelmazado uniforme. Que estaba adolorido, sediento, hambriento y cubierto de tierra, de sudor y de mis propios desechos. Que mis huesos me ardían al dar vueltas junto con otros cinco hombres sobre la áspera repisa en la que dormíamos.

Y recordé que, si no arrastraba mi esquelético cuerpo al exterior con la rapidez necesaria, no viviría para volver a despertar en una de estas negras mañanas desesperanzadoras.

—*Appell! Appell!* —gritó para organizarnos el custodio, un convicto alemán al que ascendieron de rango a un tipo de dios menor, gracias la enloquecida lógica de Birkenau, el subcampo de Auschwitz dedicado a la industria de la muerte.

Un torrente de prisioneros se arrastró hasta la puerta de las barracas para salir al patio congelado como si fuéramos cucarachas corriendo de una linterna. Todos estábamos aterrados de que se nos señalara como los más lentos o que se nos identificara como los más rápidos; temerosos de destacarnos de cualquier manera posible. En mis primeros meses allí, mientras me aferraba a la vida en esa antesala a la muerte, aprendí que la única manera de seguir respirando era convirtiéndome en un fantasma. Mi meta en la vida era ser invisible, por siempre ignorado por los prisioneros en jefe, por los *Kapos* colaboracionistas judíos (enemigos y víctimas de los nazis) y por los despiadados guardias de la SS.

Si no lograban verme, no podrían seleccionarme. Que te seleccionaran, lo sabíamos todos, significaba un boleto de ida a la cámara de gas y, más tarde, que terminarías en los hornos de los crematorios, cuyas chimeneas se cernían como buitres sobre Birkenau, nunca fuera de nuestras vistas y nuestras mentes, ardiendo y rugiendo sobre los techos de tejas de las barracas.

Los alemanes, mis conciudadanos y torturadores, se esmeraban en engañarnos, tranquilizarnos y calmar el pánico entre los prisioneros. Había pocos de ellos y miles de nosotros. Ellos tenían las armas, pero sabían que nosotros teníamos las cifras. De manera que hacían hasta lo imposible para manipularnos con el fin de que siguiéramos sus órdenes. Decían lo que fuera para amainar el terror animal de los hombres, mujeres y niños que sabían, sin duda, que ese día, ese segundo, estaban siendo conducidos hacia sus muertes.

A pesar de sus mentiras y engaños, sabíamos que el humo, las flamas y las cenizas que escupían las chimeneas, esas infernales chimeneas que se alzaban sobre el complejo, eran los últimos restos terrenales de nuestros congéneres judíos. Eran lo último que quedaba de los hombres más viejos y débiles, de las mujeres y de los niños que llegaban día tras día en los muchos vagones de carga a la plataforma ferroviaria de Birkenau. Gente inocente que pasaba por la misma selección que yo pero que, por capricho de un alemán, gracias a un movimiento de su fuete, terminaba del lado incorrecto.

Gente que, como mi madre, terminaba del lado izquierdo.

A mis 15 años, era un poco alto para mi edad; lo que quizá me salvó la vida sobre la plataforma esa primera noche. Era alto, pero delgado. Mi cuerpo se adaptó a las frugales raciones, al eterno terror, al sueño inquieto, al intrincado esfuerzo por mantenerse con vida. Era la única vida que conocía. Dominé el arte de pasar desapercibido entre el torrente de desesperada humanidad que me rodeaba. Mantenía la cabeza baja, jamás me arriesgaba a hacer contacto visual con un alemán y siempre buscaba a algún prisionero más visible que interponer entre mi delgado cuerpo y los ojos de la SS.

Esa negra mañana, como en todas las de las últimas semanas, nos dividimos en filas de cinco prisioneros en el lodo congelado y en el inclemente aire del invierno polaco. «*Appell*» era el pase de lista que sucedía dos veces al día, y los guardias de la SS lo llevaban a cabo con absurda formalidad teutónica. Ni siquiera la muerte podía librarte del asunto. Se tenía que contar a cada prisionero, vivo o muerto. Si alguien moría en las barracas durante la noche, ya fuera en el primitivo hospital o en algún destacamento de trabajo en otro lugar del gigantesco campo, o si se lanzaba contra la cerca eléctrica o se colgaba en la letrina, los alemanes demandaban que el cuerpo se preparara por las mañanas, sostenido por el desafortunado prisionero junto a él, como si todavía formara parte de las filas de los miserables y condenados.

Con una terrible deliberación, el custodio contaba a aquellos a su cargo. Cuando terminaba, después de verificar y volver a verificar, reportaba su cuenta al guardia de la SS que supervisaba la barraca en cuestión. El guardia hacía sus propias revisiones una y otra vez, inspeccionaba a los prisioneros y reprendía al custodio mostrándose lo más engreído y desagradable que fuera posible. Después, a su vez, entregaba su propia cuenta a su superior, que muy probablemente hacía sus propias revisiones y cuentas, con lo que se creaba una agonizante demora tras otra.

A menudo el *Appell* tardaba entre tres y cuatro horas; horas en las que nos veíamos obligados a pararnos firmes en el paralizante frío o en la helada lluvia, sin nada más que los inmundos uniformes de áspero algodón índigo a rayas. En un buen día, esto se reducía solo a tortura; pero en la lluvia o frente a las ráfagas de aire congelado, el resultado solía ser fatal. Los prisioneros simplemente caían muertos donde se encontraban.

Si algún prisionero se salía de las filas, se desmayaba o atraía la atención de cualquier manera, los guardias lo golpeaban con sus armas, con sus sempiternos fuetes o con sus botas de casquillo. Si el prisionero moría a causa de la golpiza, mucho mejor; el cadáver ya estaba formado, en su sitio, listo para contarse.

Esa mañana, el *Appell* transcurrió sin gran dramatismo ni dolor. Nos dieron permiso de arrastrarnos de vuelta a las barracas para iniciar otro día sin nada que hacer.

Yo era el único de mi unidad que hablaba alemán; la mayoría de mis compañeros eran judíos polacos a los que poco les importaba el frágil y silencioso adolescente que hablaba el idioma de sus captores. No tenía amigos allí, ni ningún consejero ni protector. Ni siquiera tenía un dios; hacía mucho que había dejado de rezar y de creer. Lo único que tenía en mi vida era mi taza; mi uniforme manchado y flojo; y mi cuerpo huesudo y atrofiado.

Después del alimento de la mañana con un pan de costra dura, los prisioneros se desperdigaron por allí, vagando sin ton ni son entre las filas de barracas de madera. Además de hacer el *Appell*, de luchar por un trozo de comida o de morir, simplemente no había nada que hacer.

Por el momento, los alemanes nos habían librado de morir por alguna razón perversa y desconocida. En realidad, yo y mis supuestamente «útiles» compañeros aprisionados, no vivíamos en Auschwitz/Birkenau; nos almacenaron allí, como cualquier cantidad de cajas de coles o de pacas de paja. Lo único que podíamos hacer era esperar. Esperar a que nos aniquilara el tifus, la inanición, la fiebre escarlata o la pulmonía. Esperar a que nos golpearan hasta morir. Esperar a que nos seleccionaran para llevarnos en alguno de sus siniestros camiones. Para desaparecer en el aire, transformados en cenizas y humo.

Más tarde, esa misma mañana, deambulé hasta las letrinas, caminando con lentísima deliberación para ahorrar cada caloría de energía. Me senté en el astillado tablón sobre el desagüe y me esforcé por lograr que saliera algo, lo que fuera. Aprendí que, si en serio no comías, tampoco defecabas.

Acababa de lograr pasar un montón denso y duro de tallitos de col cuando uno de los prisioneros asomó la cabeza por la puerta.

—¡Están haciendo una selección! —gritó—. ¡Quieren adolescentes! ¡Solo adolescentes!

No sé por qué, pero me esforcé por ponerme de pie, recoger mis pantalones sueltos alrededor de mi pequeña cintura y correr hacia el patio. Sabía que, si querías seguir viviendo, no te ofrecías de voluntario para nada. Esa era la opinión popular que se repetía, noche tras noche, mientras nos acostábamos como pilas y pilas de tapetes enrollados sobre las repisas para dormir. Pero en ese instante, por alguna razón que no acababa de comprender, quería ofrecerme como voluntario. Tal vez se debió a la absoluta monotonía de la espera, la descomposición, la inanición. Algo, lo que fuera, tenía que ser mejor que esto.

O, por lo menos, el final de esto.

El patio ya se estaba llenando con unos doscientos chicos como yo, muchachos que hicieron caso al llamado o a los que arrearon los jefes de prisioneros de sus propias barracas. Todos eran los muchachos recluidos en Birkenau; menos de doscientos chicos en un mar de hombres judíos mayores que ellos. En un santiamén, nos acomodaron en el patio en ocho filas de entre 20 y 25 muchachos.

Los oficiales de la SS empezaron a clasificar a los chicos del frente, indicándoles a algunos que se pasaran a la izquierda. ¿Cuál de las dos direcciones, si es que alguna, podría llevar a algo mejor? No había manera de saberlo ni tiempo para pensarlo. ¿Acaso se trataba de una oportunidad, de una posibilidad de vida? ¿O era la puerta de entrada a la muerte; solo otra de las eternas series de engaños descabellados de los alemanes?

De pie, en una de las filas de atrás, me di cuenta de que había muy poca oportunidad de que me seleccionaran para cualquier cosa que tramaran.

Escuché una sutil voz que hablaba alemán. Me sorprendió darme cuenta de que era la mía. Me encontré levantando la mano para hacerme notar desde atrás. «*Ich spreche Deutsch!*», grité, haciendo lo posible para que me notara el seleccionador. «¡Yo hablo alemán!».

El oficial levantó la barbilla, me miró de manera directa y gritó: «*Du da!*», «¡Tú, ahí!». Con su fuete, me indicó que me moviera de la parte posterior de la formación como un extraño conductor de orquesta. «Allá», ordenó mientras señalaba a un grupo más pequeño.

Miré a mis compañeros seleccionados a mi alrededor. Esto me dio una pequeña cantidad de esperanza: mis compañeros de grupo parecían verse un poco más fuertes, un poco más despiertos y un poco menos muertos de hambre que los demás. Y, en Birkenau, mientras más fuerte y sano parecías, más tiempo podías seguir respirando.

Los chicos rechazados, todavía formados, no tenían idea de si habían perdido una oportunidad, la que fuera, o si acababan de verse librados de un espantoso fin. Sin embargo, muchos de ellos parecían intuir que algo los había pasado de largo.

Algunos se quejaban, otros gemían y otros lloraban. Nosotros, los elegidos, seguíamos sintiéndonos inseguros, aterrados. Pero, al menos,

nos habían seleccionado y, en ese patio, ese día en Birkenau, de alguna manera se sintió mejor que nos eligieran a que nos rechazaran.

* * *

Los guardias nos condujeron a unas largas barracas al otro lado del patio. Cuando mis ojos se acostumbraron a la oscuridad, vi una larga fila de mesas, cada una custodiada por dos soldados alemanes. Tenían libros enormes abiertos en cada una de las mesas, junto con plumas y tinteros, y una extraña jeringa llena de un líquido negro.

«Esto no parece tan malo», pensé con la ligera llama de esperanza. «Van a tomar mis datos, a hacerme algunas preguntas y a registrarme de alguna manera. Casi como si valiera algo».

El oficial de la SS que estaba a cargo nos ordenó que nos acomodáramos en una fila frente a cada una de las mesas y que nos subiéramos la manga izquierda. Cuando me acerqué a la mesa, el guardia me ordenó que diera mi nombre. «Heinz Adolf Israel Oster», respondí; los alemanes habían añadido «Israel» al nombre de cada varón judío.

Anotó mi nombre en el libro. Me lanzó una hosca mirada e hizo un comentario incómodo acerca de mi nombre; no le gustaba el hecho de que las palabras «Adolf» e «Israel» estuvieran tan juntas una de la otra.

Después, el otro alemán tomó mi mano izquierda y la detuvo con una fuerza sorprendente. El primero empezó a picotear mi brazo con la aguja de la jeringa llena de tinta y grabó un patrón de números, punto por punto, en mi temblorosa carne ensangrentada.

Me percaté de que me estaban tatuando. A través de la sangre y la tinta, pude ver mi número; el número grande y algo torcido que puedo ver sobre mi brazo hasta el día de hoy.

Cuando me alejé de la mesa, vi que era algo oficial. Ya no era Heinz Adolf Oster. Ahora era B7648.

Nos llevaron, entre muecas y sangre, fuera del complejo rodeado de alambre de púas. Afuera nos esperaba un convoy de camiones cerrados. Los guardias, con su habitual impaciencia, nos ordenaron que nos subiéramos.

Nuestro pequeño convoy empezó a trasladarnos a un destino desconocido.

Me encontré apretujado, hombro a hombro, en el oscuro interior del camión. En mi breve experiencia, la mayoría de los camiones estaban construidos de manera muy desigual, con hoyos y espacios por donde se colaba la luz; pero este camión no tenía nada de eso. Vi extraños paquetes de fieltro alrededor de la puerta y de las aberturas de las ventanas, como si el camión se hubiera construido para dejar afuera el aire del exterior... o para que el aire del interior permaneciera adentro.

Los chicos apretujados conmigo en el interior sangraban, aturdidos y confundidos. Empezamos a susurrar en la oscuridad, hablando el yidis que yo había aprendido en el gueto mientras los camiones se bamboleaban con lentitud alejándonos de Birkenau: «¿Adónde nos llevan?», «¿Nos van a poner a trabajar?», «¿Nos van a gasear a todos?», «¿Nos dispararán?».

Mujeres y niños judíos caminan hacia las cámaras de gas de Birkenau. A este grupo proveniente de la región Rus subcarpática de Hungría (que ahora forma parte de Ucrania) se le seleccionó para morir en la plataforma ferroviaria de Birkenau, como también le sucedió a la madre de Henry Oster, Elisabeth Haas Oster. Foto: U.S. Holocaust Memorial Museum Archive.

20

A LOS ESTABLOS

EL CONVOY DE CAMIONES SE DETUVO, y se escuchó un fuerte chirrido. Más tarde, vi que se trataba de la oxidada reja de entrada del campo principal de Auschwitz; esa icónica reja en arco donde aparece la silueta de las letras de molde de hierro negro *Arbeit Macht Frei* sobre el camino.

Nos bajaron de los camiones como si de borregos se tratara y quedamos parados bajo la inclemente luz del sol. Este era nuestro nuevo hogar: los edificios de ladrillos, postes curvos de concreto y alambre de púas de Auschwitz I.

Muy temprano, antes del amanecer, el nuevo custodio nos gritó para que despertáramos y saliéramos al patio. Este era otro delincuente alemán, uno que se ganó su puesto en Auschwitz por una acción que pasmó hasta a los guardias de la SS. Asesinó a su propia madre, un delito muy criticado en la cultura criminal alemana, incluso entre asesinos, violadores, matones y ladrones reincidentes.

A nosotros, los nuevos reclutas jóvenes, 131 en total, nos separaron de los demás y se nos ordenó que nos formáramos en cuatro columnas. Nos hicieron salir por la reja de alambre de púas, trotando, mientras los soldados, como siempre, nos azuzaban con sus incesantes gritos. «*Schnell, schnell, schnell!*», repetían cada vez que nos movían. «Apúrense, apúrense, apúrense». Ahora casi parece un cliché: en cada película de la Segunda Guerra Mundial puedes ver a los nazis con sus pastores alemanes y sus fuetes mientras le gritan a todo el mundo:

«*Schnell, mach schnell!*». Pero es un cliché basado en la realidad. Así sucedía de verdad.

Después de media hora de marchar para salir de las rejas de alambre de púas, a través de pastizales y frente a edificios administrativos, llegamos a otro conjunto de bajas edificaciones que, desde afuera, parecían una pintura de las barracas de madera que acabábamos de dejar atrás en Birkenau.

Los oficiales de la SS nos dividieron en grupos de diez a doce y mandaron a cada grupo a una de las barracas. Cuando llegamos a estas, esperábamos ver las filas habituales de estantes para dormir, nos encontramos en establos verdaderos, con hileras de casillas llenas de caballos que resoplaban, bufaban y resollaban. Después de todos los días y las noches viviendo entre la miseria humana, encerrados como ratas con mis compañeros recluidos, el cálido aroma de la paja, orina y estiércol de los caballos se sintió tranquilizador. Olía a plenitud; olía más a vida que a muerte.

Me permití un momento de alivio mientras veía a los caballos, a mis compañeros y a los alemanes, que parecían menos amenazantes que de costumbre.

«Al menos nos pondrán a trabajar», pensé. «No nos traerían hasta aquí si solo pensaran dispararnos».

Dos oficiales de la SS entraron en el establo y nos empezaron a explicar, por medio de un traductor polaco, exactamente qué debíamos hacer y cómo.

Había 28 caballos en el establo y nos enteramos de que la mayoría eran yeguas a punto de entregar sus potrillos a la campaña bélica alemana. Europa, en especial Europa del Este, seguía siendo una sociedad que dependía de los caballos, y los alemanes necesitaban cada gota de gasolina para sus tanques, camiones y aeroplanos de la *Luftwaffe*. Además, resultó que la entrevía de los trenes, el espacio entre ambas vías, era más amplio en Rusia que en Alemania, de modo que las locomotoras y vagones alemanes resultarían inútiles en Rusia hasta que no los reemplazaran. A causa de esto, los alemanes necesitaban cientos de miles de caballos de carga para mover sus tropas, armas y suministros en los territorios ocupados, y este complejo de establos era solo uno de los muchos que establecieron para satisfacer la demanda.

A cada uno de nosotros nos asignaron tres o cuatro yeguas a las que debíamos cuidar. Los alemanes nos dejaron muy en claro que los caballos eran muchísimo más valiosos que nosotros: si algo le pasaba a alguna de las yeguas a nuestro cargo, o a su potrillo, teníamos la certeza de que no seguiríamos respirando el tiempo suficiente para que nos asignaran otro; nos convertiríamos en «Entretenimiento dominical», justo como en el gueto de Łódź. Nos colgarían de la reja de entrada, a mediodía, con la banda militar del campo haciendo un terrible acompañamiento.

A cada uno de nosotros se le dio una cubeta, un cepillo y una pala. Los oficiales nos mostraron cómo se esperaba que les diéramos agua a los caballos; cómo debíamos cepillarlos, alimentarlos con paja, zanahorias y trébol, y cómo deshacernos del estiércol y la paja llena de orina. También nos advirtieron que robarnos los alimentos de los caballos, meternos un trozo de zanahoria al bolsillo o un puñado de cereal a la boca cuando pensábamos que nadie nos estaría viendo, nos merecería la pena de muerte. Se los creímos sin dudarlo.

Nos pusieron a trabajar largas horas, cada uno cuidando de sus yeguas desde antes del amanecer y casi hasta la medianoche. El trabajo era muy rudo, pero también un poco agradable. Empecé a sentir que la sangre volvía a correr en mi interior; el ejercicio me hizo sentir mejor de lo que me había sentido por mucho tiempo. Era preferible estar haciendo algo, lo que fuera, que consumirnos en espera de la muerte en Birkenau.

Cuando marchamos a paso redoblado a través de la oscuridad de la noche, en rígida formación, de vuelta a las nuevas barracas donde habríamos de dormir, empecé a sentir una chispa de esperanza. Quizá fuera posible que siguiera con vida algunas semanas o, incluso, algunos meses, si mantenía los ojos bien abiertos, la cabeza abajo y hacía bien este precioso trabajo.

Pero entonces regresó el terror: «Los caballos estaban muy bien cuidados antes de que llegáramos», pensé mientras corríamos a través de la fría noche polaca. «Alguien tuvo que cuidarlos antes que nosotros».

Algo repentino y decisivo, y sin duda muy malo, les sucedió a los cuidadores anteriores. ¿Pasaría mucho tiempo antes de que me pasara lo mismo a mí?

21

MUTTI, OLGA Y BARBAROSSA

EL TRABAJO DE LOS ESTABLOS no tardó en convertirse en una rutina. Después del pase de lista matutino frente a las barracas del campo principal, nos hacían marchar en dos filas poco más de dos kilómetros hasta los establos. En las noches, después de un día de trabajo de 12 a 16 horas, íbamos de regreso, siempre en la oscuridad.

Me pusieron a cargo de dos caballos; dos yeguas que ya estaban embarazadas de los potros de la temporada desde que nos asignaron a los otros 130 caballerangos y a mí a los establos de Auschwitz. Se esperaba que aprendiera a ayudar a las yeguas a aparearse, las supervisara a través de sus embarazos y me asegurara de que parieran sin problema alguno.

Las yeguas ya tenían nombre desde antes de que yo llegara. Una se llamaba Mutti y la otra era Olga; sobre las puertas de las casillas había letreros de madera grabados con el nombre de cada yegua.

La mayoría de los demás chicos se encargaban de tres o cuatro yeguas, pero a mí también me asignaron que cuidara al enorme semental, Barbarossa, que estaba allí para ser el garañón de este harén de yeguas. Era mucho más arduo cuidar del semental a causa de las labores adicionales implicadas en el proceso de apareamiento, que por eso solo tuve dos yeguas.

Barbarossa era un enorme y precioso caballo árabe color café rojizo. Para mí, un flaco chico urbano, era una absoluta hermosura de animal. Por haberse entrenado y enseñado en alemán, solo respondía a las órdenes en ese idioma, y por ser yo el único de los chicos que lo hablaba, me eligieron para que lo cuidara.

Era una enorme responsabilidad y debo admitir que me hizo sentir un poco orgulloso que me seleccionaran para cuidarlo. También elevó mi estatus entre los demás caballerangos, que de entrada no me querían mucho que digamos; quizá porque era el único muchacho que hablaba alemán de entre todos estos chicos judíos polacos. Como podía comunicarme mejor con los guardias, me era un poco más fácil no meterme en líos: pienso que tendían a confiar más en mí que en los demás.

Mi trabajo consistía en alimentar a los tres caballos, pasearlos, lavarlos, cepillarlos y limpiarlos; lo que fuera que se necesitaran. Y, por supuesto, hacer el mantenimiento de los establos: traer la paja; las zanahorias, la avena y el trébol para que comieran; y limpiar y trasladar tanto sus desechos como la paja sucia.

Teníamos que hacer lo que fuera posible para mantenerlos sanos y para hacer que produjeran el mayor número posible de potros para la campaña alemana. No éramos más que engranes de la maquinaria, esclavos a los que usar y tirar. Sin embargo, pensábamos que si hacíamos bien nuestro trabajo, no habría razón para que los alemanes se deshicieran de nosotros. No era que necesitaran alguna buena razón, pero la teoría era que si estábamos auxiliando el esfuerzo de guerra, si nos hacíamos difíciles de reemplazar, quizá pudiéramos mantenernos con vida.

Descubrimos que cuando alimentábamos a los caballos a diario, había oportunidad de robar un poco de comida de vez en cuando. Escondíamos algo de avena o algunos trozos de zanahoria cuando los alemanes no nos veían.

También podíamos robar algo de leche de las yeguas después de parir. A veces los potrillos se enfermaban justo después de nacer: les daba diarrea y, cuando eso sucedía, perdían el interés por lactar. También en secreto les dábamos agua a los potrillos en lugar de la leche de las yeguas, por lo que sobraba leche. Cuando eso sucedía y cuando los guardias no nos estaban prestando atención, tomábamos algunos sorbos.

De habernos atrapado, todo hubiera terminado. A diario hacían inspecciones en las que nos obligaban a abrir nuestra boca para mirar el interior con una linterna. Si encontraban restos de zanahoria, o un poco de avena en tus bolsillos, todo se acababa para ti. Te llevaban y te colgaban al domingo siguiente y punto. Si acaso comíamos algo durante el día, nos asegurábamos de enjuagarnos la boca de inmediato para ocultar la evidencia.

Es increíble lo que puedes hacer si tu vida depende de ello. Valía la pena arriesgarnos porque si no conseguías comida suficiente, y nunca podíamos hacerlo, de cualquier forma morirías en algunas semanas.

Los alemanes revisaban nuestros cuerpos y ropa a lo largo del día, pero no lo hacían de noche, cuando nos regresaban a las barracas. Encontrábamos formas de ocultar pequeñas porciones de comida por aquí y por allá en los establos durante el día de trabajo, y regresábamos para recogerlos durante la noche, antes de regresar al campo.

Era importante que no usaras el mismo lugar dos días seguidos, porque si los guardias te atrapaban yendo a una misma esquina con demasiada frecuencia, no tardaban en darse cuenta de lo que estabas haciendo. Un día guardabas una zanahoria por aquí, debajo de un ladrillo; al día siguiente, por allá, en las vigas arriba de la casilla del caballo.

Yo encontré un escondite propio. La casilla donde guardaban a Barbarossa, también era el lugar en el que se lavaba a los caballos cada cierto número de días. En el piso de concreto, había un hoyo para que se fuera el agua. Usé un clavo para quitar un tornillo, lo que me permitió levantar la placa de metal que cubría el drenaje. Allí, metía un par de zanahorias y después, por la noche, a punto de terminar el trabajo, podía ir por ellas y esconderlas en mi ropa, para después meterlas a escondidas en las barracas.

Nos asegurábamos de no hacer ningún ruido al meternos algo a la boca: el crujido de una zanahoria en mitad de la noche, cuando íbamos de vuelta a las barracas, hubiera sido una sentencia de muerte.

También me comía el trébol que nos daban para alimentar a los caballos; podía esconderse dentro del mismo comedero en el que se alimentaban, de modo que siempre quedaba un poco cuando terminaban de comer. Teníamos la creencia de que no podíamos comernos las flores de los tréboles, pero sus hojas verdes nos nutrían un poco más, algo inaccesible para los otros prisioneros.

Así es como sobrevivimos los demás caballerangos y yo. Teníamos un poco más de acceso a trozos de comida por aquí y por allá, y algo de energía adicional para seguir adelante.

22

EL POTRILLO EN EL CAMPO

CUANDO ME ASIGNARON A LOS ESTABLOS, mis yeguas, Mutti y Olga, estaban muy al inicio de sus embarazos, pero a diario se ponían más y más barrigonas.

Algunos días nos llevábamos los caballos a los pastizales cercanos para dejarlos pastar y para que hicieran un poco de ejercicio. Todavía nos encontrábamos dentro del enorme complejo de Auschwitz, cercados y con torres de vigilancia y alambre de púas, de manera que jamás imaginamos que pudiéramos escapar. No había ningún sitio adónde ir; no había gente ni poblaciones cerca. Me encontraba en medio de un país desconocido, liderado en su totalidad por alemanes, y estaba seguro de que nadie me ayudaría, ocultaría o alimentaría aunque fuera lo bastante tonto como para hacer el intento. Y no era como si pudiera hacerme pasar desapercibido en la Polonia de la época de guerra; tenía la cabeza rapada, un brazo tatuado, un uniforme a rayas y un cuerpo muerto de hambre y esquelético. Para los alemanes, no era más que un judío inservible; para los polacos que allí vivían, era algo todavía peor: era alemán y judío.

Sin embargo, estar en los pastizales me ofrecía un poco de libertad y, además, me permitía recoger algunas de las plantas que me encontraba ahí o a los lados del camino.

Aprendí que los dientes de león, si se recogen en el momento correcto, son comestibles, y me nutrían un poco más. Hubo otros hierbajos y plantas que, por ensayo y error, aprendí a recoger y a comer. Llevaba una esquirla de acero en el bolsillo para desenterrar alguna planta o raíz siempre que encontraba una.

Un día, ya al final de la tarde, estaba en el vasto pastizal con mis dos yeguas, cuando Olga empezó su trabajo de parto. Pensé que Mutti sería la primera porque estaba muy panzona, pero no, fue Olga y allí estaba yo solo, con dos yeguas, una de las cuales estaba revolcándose sobre el pasto a punto de parir.

Peor aún, estábamos en una porción hundida dentro del pastizal, donde habían plantado tréboles y el agua había empezado a acumularse. Entonces, sonó la sirena de las cuatro de la tarde, que señalaba que debíamos regresar a los establos para las tareas y el pase de lista de la parte final del día.

Lo único que podía pensar era «Estoy metido en un enorme problema. Olga está pariendo, aquí y en este instante, con la idiota de Mutti parada a un lado sin que nada le importe. Si abandono a Olga ahora para llegar al pase de lista y algo le pasa a ella o al potrillo, me matarán. Pero si me quedo aquí con ella, los guardias van a hacer el primer conteo, se darán cuenta de que no estoy y sonarán la alarma. Pensarán que estoy tratando de escapar y si piensan que alguien está haciendo un intento por escapar, el campo entero va a enloquecer». Ya lo había visto incontables veces. Primero disparaban y después preguntaban o, más probable aún, no preguntaban nada en absoluto.

Decidí quedarme con Olga. Era mi responsabilidad y mi amiga. Cuidar de esos caballos se convirtió en una pasión, en una inusual isla de esperanza y de vida en un océano de muerte. Creé un vínculo con mis yeguas, como si estuviéramos juntos en este desastre, y no quería dejarlas solas.

Olga gemía y se quejaba y se sacudía por todas partes con intenso dolor. Me asomé al canal de parto, como nos lo enseñaron y, en efecto, allí se veían dos pequeñas patas.

Se supone que los caballos deben nacer con sus patas delanteras primero y sus cabezas colocadas entre ellas. Las patas estaban bien, pero la cabeza estaba de lado.

Tuve que meter mi brazo entero dentro del mojado y sangriento canal de parto, encontrar la cabeza y jalarla para que estuviera en la dirección adecuada. De lo contrario, Olga moriría, el potrillo moriría y, una vez que los alemanes se enteraran, yo también moriría.

Necesité mucha fuerza, pero después de andar a tientas dentro del vientre de la pobre yegua, logré voltear la cabeza del potrillo. Entonces, se deslizó hacia afuera por completo y solo lo detuve para que cayera al piso con suavidad.

Estaba cubierto con el resbaladizo saco gestacional, que parecía una especie de impermeable transparente, y embarrado de residuos viscosos y líquido amniótico. De inmediato, pude ver que el potro estaba muerto. Se veía hinchado y carente de vida. En ese entonces, había una infección que estaba rondando los establos y ocasionaba muchos abortos y mortinatos.

Me detuve un instante para recuperar el aliento. Podía oír el escándalo que se escuchaba colina arriba, proveniente del campo. Podía escuchar a los guardias que gritaban, el ladrido de los pastores alemanes y sabía que estaban corriendo como pollos sin cabeza, ansiosos por dispararle al judío faltante.

Me asomé a la cima de la colina y pude ver que venían seis o siete soldados, con sus máuseres y tres o cuatro perros, todos corriendo colina abajo.

Pensé: «Este es mi último día de vida». Vi una rama que había caído de un roble cercano sobre el suelo. La tomé y puse mi gorro sobre ella, mi sucio gorro azul y gris, y lo agité en dirección al tope de la colina para que los soldados pudieran verlo antes de verme a mí. Y, por supuesto, uno de esos idiotas le disparó al gorro solo por reaccionar a cualquier cosa que se moviera.

Empecé a gritar en alemán: «¡Estoy aquí! ¡Estoy aquí!», mientras seguía agitando mi gorro por encima de mi cabeza.

Al fin bajaron por la colina y me vieron, con la yegua acostada sobre la hierba y el potrillo muerto junto a ella. Los guardias me estaban apuntando con sus rifles sin dejar de gritar.

El líder, uno de los alemanes, decidió ponerme a prueba; supongo que para asegurarse de que no era un prisionero escapado de algún otro campo. Quería saber cuál era mi número de prisionero. No el que estaba tatuado en mi brazo, sino el cosido a mi uniforme; el número que traía el uniforme y que me dieron cuando recién llegué a Birkenau.

Aunque estuvo allí, sobre mi pecho, desde el primer momento en que llegué, no podía recordarlo. No tenía la más mínima idea. No era algo que me preguntaran de manera habitual, de modo que, presa del pánico mortal, no pude recordarlo.

Estaba seguro de que moriría. No dejaba de rogarles en alemán.

—¡No estoy tratando de escapar! ¡Me quedé aquí porque la yegua estaba pariendo! ¡No es mi culpa que el potro haya muerto!

Un judío que hablaba alemán era algo muy inusual en Auschwitz, por lo que prestaron un poco más de atención y me escucharon. Y tal vez tenían un poco más de compasión por un judío alemán que por uno polaco.

El líder respiró hondo. Pareció creerme.

«Quizá logre sobrevivir después de todo», recuerdo que pensé.

Dejaron a dos soldados conmigo. Esperamos hasta que Olga se puso de pie de nuevo. El potrillo muerto seguía cubierto de la gelatinosa membrana gris. Se supone que la yegua la debe morder y quitar del potro con su lengua, y para alentar que eso sucediera, me entrenaron a rociar un poco de sal sobre la membrana, para que la yegua iniciara el proceso. Yo creo que los caballos se comen la membrana y la placenta para asegurarse de que los depredadores, como los lobos, no huelan la placenta y la sangre, y vengan corriendo cada que detecten que una yegua está pariendo. Si la yegua no se come la placenta, hay veces en que se enferma y empieza a vomitar. También sirve para que la yegua reconozca a su potro cuando está en la manada con todos los demás. O, por lo menos, eso es lo que nos enseñaron en el establo. Sin embargo, aquí afuera en el pastizal, rodeado de soldados, no tenía nada de sal conmigo.

Pero Olga era una buena yegua y lo hizo por instinto, por sí sola. Aunque el potro estaba muerto, se esforzó por ponerse en pie y lo lamió hasta dejarlo limpio.

Los soldados que regresaron al campo enviaron una pequeña carreta jalada por un caballo y metieron al potro para transportarlo de vuelta al campo.

Cuando llevé conmigo a mis dos yeguas al establo, aún no sabía si me había librado de un problema o no.

Una de las cosas que quizá me salvó fue que el asistente de veterinario de la SS examinó al potrillo muerto. No podía mostrarle ninguna amabilidad o debilidad a un judío, de modo que me gritó, muy fuertemente, que la muerte del caballito no era mi culpa: «*Es ist nicht deine Schuld!*». De esa manera, pudo comunicar su mensaje, pero sin hacer parecer que me estuviera haciendo un favor.

El jefe de los establos miró al potrillo muerto y me llamó judío idiota. Vociferó y rabió. Todos mis compañeros caballerangos estaban parados allí, esperando. Nadie podía regresar al campo hasta que nos contaran a cada uno.

Al fin, más allá de la medianoche, nos dejaron ir de vuelta a las barracas. Despertamos a las cuatro de la mañana del día siguiente, como siempre, y fuimos de vuelta al trabajo.

23

BARBAROSSA

LOS CABALLOS TIENEN UN RITUAL que llevan a cabo cuando se aparean. El semental no tiene una erección cuando lo desea; es un proceso que los dos caballos realizan para que todo suceda; similar a las citas y al preámbulo erótico de los humanos, pero a una escala mucho mayor, más primitiva y más violenta.

No siempre funciona como debería. A los caballos los altera tener a seres humanos a su alrededor. Pero, al mismo tiempo, están excitados y algo enloquecidos, de manera que hay ocasiones en que necesitan un poco de ayuda para que todo salga bien. Después de todo, el complejo de los establos era como una línea de producción para caballos, y los alemanes no querían perder el tiempo con un apareamiento que no produjera el embarazo de una yegua.

Como cuidador de Barbarossa, parte de mi trabajo era ayudar a que el proceso sucediera de cualquier forma posible. Esto era una enorme diversión para los oficiales alemanes, que se reunían siempre que se programaba una sesión de crianza. Para esos tipos, era todo un espectáculo ver a un flaco judío de Colonia, atrapado entre un garañón encabritado y una yegua en pánico lanzando patadas.

A los caballos no les hacía ninguna gracia y a mí tampoco. Solo me limitaba a tratar de que no terminaran matándome.

Barbarossa, como cualquier semental, hacía un ritual en el que frotaba su nariz contra la yegua, le daba mordiditas en su cuello y hacía un sonido vibratorio en la garganta, como una especie de relinchido suave. La olía y resoplaba y, si todo iba bien, tenía una erección.

Una de verdad gigantesca. Una erección del tamaño de una trucha de lago. Si la yegua estaba de ánimo, levantaba sus cuartos traseros y su cola para tratar de facilitar el proceso.

Todo esto sucedía dentro de una casilla cerrada para ayudar a mantener a la yegua confinada en caso de que cambiara de parecer a la mitad del asunto. De modo que allí dentro había una yegua de gran talla y un garañón enorme, casi 1500 kilogramos de caballos enloquecidos y excitados, y yo, un pequeño humano dando vueltas en la paja dentro de una caja de madera.

Yo llevaba a Barbarossa al interior de la casilla y jalaba su cabeza hacia la yegua, alentándolo a iniciar el proceso. Todo esto sucedía cuando la yegua estaba en celo, un periodo de pocos días en los que estaba lista para concebir y se interesaba en el semental. Por lo pronto, esa era la teoría. En la práctica, la yegua podía estar interesada o no, aparte del hecho de que a Barbarossa no le gustaba mucho ni que estuviera yo ni todos estos alemanes que gritaban y se carcajeaban mientras se trataba de concentrar en aparearse con una agradable y joven yegüita.

También era parte de mi trabajo ayudar a guiar el miembro del semental al interior de la yegua si le estaba costando trabajo hacerlo él mismo. Yo daba vueltas de aquí para allá, aterrado, lidiando con el monstruoso pene del caballo mientras intentaba a ayudarlo a encontrar dónde debía meterlo. Esto no le gustaba en absoluto, me daba patadas con las patas delanteras, me empujaba a un lado, me mordía y me golpeaba las manos con sus pezuñas, con lo que a veces me dejaba bastante lastimado.

Incluso las colas de los caballos podían ser peligrosas. El pelo de los caballos es áspero y abrasivo; de allí que lo usen para los arcos de los violines, porque se ancla a las cuerdas y las hace vibrar. De modo que mi rostro y manos terminaban cubiertos de pequeñas cortaduras y raspaduras cada que tenía que meterme entre los dos.

En Auschwitz, cualquier tipo de cortadura podía significar la muerte; no solo por la herida en sí o alguna posible infección, sino también porque si los alemanes veían a un judío herido, había altas probabilidades de que, de inmediato, lo mandaran de vuelta a Birkenau para gasearlo.

Los alemanes llevaban a cabo inspecciones constantes para seleccionar a los prisioneros más débiles y enfermos, y enviarlos al más allá por sus chimeneas.

Recuerdo que, en algún momento durante una sesión de apareo, me tropecé y caí entre las patas traseras de Barbarossa. Quedé atrapado debajo del enorme semental encabritado, que me pateaba y pisoteaba mientras yo me revolvía en el piso intentando evitar que me aplastara. Y, por supuesto, él estaba enloquecido, levantándose y lanzando coces, casi tan asustado como yo.

Su enorme miembro se sacudía por los aires como la trompa de un elefante, cosa que a los alemanes alrededor les parecía lo más gracioso del universo. Me lanzaban porras como si yo fuera la atracción principal en un espectáculo de fenómenos: «¡Hazlo de nuevo!», exclamaban, «¡Hazlo otra vez!».

24

EN LA LÍNEA DE FUEGO

DE TODOS LOS AÑOS que estuve encerrado en Auschwitz, hay una historia acerca de la que jamás hablé; una experiencia que nunca compartí con nadie.

Jamás me hizo sentido mencionársela a mis familiares o amigos ni hablar al respecto en las presentaciones de mis experiencias del Holocausto a lo largo de los años en el Museo de la Tolerancia de Los Ángeles.

Supongo que es por lo difícil que me es hablar y pensar en ello.

Siempre me pareció que cualquier conversación se habría detenido de inmediato si lo hubiera discutido con un amigo o con algún familiar, y dudaba en apesadumbrar a alguien más con esto. ¿Qué podrían hacer? ¿Qué me podrían decir? Si se me ocurría la idea de mencionarlo durante alguna presentación, temía que me desmoronara y que no pudiera continuar, cosa que tampoco sonaba muy agradable que digamos.

Por ello, es algo que guardé en mi interior todas estas décadas; toda mi vida adulta.

Los alemanes de Auschwitz estaban obsesionados con el temor de que alguien escapara. Los volvía locos la mera idea de que alguien pudiera socavar su pequeño sistema, que alguien saliera de allí y le contara al mundo lo que estaba sucediendo. Si había cualquier intento de escape o, peor aún, un escape exitoso, respondían con represalias brutales. Esto no era exclusivo de Auschwitz, ni del sistema de los campos de concentración. Los nazis utilizaron las represalias, el asesinato punitivo de personas inocentes, como arma a lo largo de toda la guerra como estrategia para infundir terror en la población civil.

Cualquier ataque en contra de los alemanes, cualquier señal de resistencia, podía resultar en decenas, e incluso cientos, de civiles masacrados. Y como lo hicieron en los países ocupados a lo largo y ancho de Europa, los nazis reunían civiles inocentes de manera aleatoria y los asesinaban sin razón ni juicio, a menudo en las plazas de las ciudades, en frente de sus vecinos, cónyuges e hijos.

Como podrán imaginar, en Auschwitz, la brutalidad de los nazis casi no tenía límite. Dentro de su propio mundo infernal, aislados del resto de la civilización, podían salirse con la suya. Y si había cualquier señal de resistencia o rebeldía, no dudaban en vengarse.

Tratar de sobrevivir en un mundo como ese no solo era un problema físico; no solo tenía que ver con que lograras que tu cuerpo siguiera adelante. También tenías que lograr que tu mente siguiera adelante. En un mundo enloquecido, es casi imposible que no enloquezcas también, lo cual les sucedió a muchos prisioneros. Casi todas las noches escuchábamos los disparos cercanos a la cerca de alambre de púas: los prisioneros se daban por vencidos y decidían suicidarse con una última carrera enloquecida hacia las vallas electrificadas. Y como los alemanes estaban más que felices de ayudarlos, les disparaban desde las torres de vigilancia.

Nuestro trabajo en los establos nos protegió bastante de este infierno, al menos durante algunos meses. Y el hecho de que fuéramos muchachos, no hombres, quizá nos ayudó a sobrevivir algunos de los horrores que vimos y de los que escuchamos sin que perdiéramos la razón por completo. Sin embargo, una noche, me topé cara a cara con lo que los nazis eran capaces de hacer.

Fue un sábado por la noche. Estábamos regresando al campamento de los establos y yo estaba al final de la fila de prisioneros. Debido a que tuve que hacer algo de trabajo adicional con el garañón, fui el último chico en terminar y cerrar el establo antes de que fuéramos de regreso al campo principal, en las habituales filas de cuatro.

Mientras caminábamos a tropezones a través de la oscuridad, noté que algo extraño estaba sucediendo en la reja principal.

En el pasado, algunas noches de sábado, si nos permitían salir del trabajo un poco más temprano, nos llevaban a un salón donde la orquesta del campo daba presentaciones musicales para entretener a los prisioneros alemanes, de manera que al principio pensé que nos llevarían a algún tipo de espectáculo.

Había mucho movimiento en la reja. Estaba un grupo de soldados alemanes y un par de camiones aparte de los *kapos* y guardias habituales. Empecé a darme cuenta de que no se trataba de ningún tipo de recital musical. Pensé para mí mismo: «Oh, oh, Heinz. Ten cuidado. Estás caminando derechito a una selección».

Mientras entramos por la reja principal, dos oficiales alemanes dieron un paso adelante y separaron la última fila de nuestra columna. Simplemente nos empujaron, a los últimos cuatro caballerangos, hacia un grupo de otros hombres, en su mayoría mayores que nosotros, a los que habían seleccionado desde antes de otras barracas. No nos dieron explicación alguna ni ninguna razón por ello; simplemente nos empujaron junto al otro grupo más grande de hombres, como si estuvieran arreando chivos.

Los alemanes nos llevaron hacia la izquierda y, después, a la izquierda de nuevo, donde pasamos frente a un par de camiones y hacia el patio entre dos barracas de ladrillos de tres pisos de altura. Había una pared que cerraba el patio desde atrás. Recordé que el edificio a la izquierda del patio era el burdel del campo, donde obligaban a algunas de las mujeres judías más atractivas a tener relaciones sexuales con algunos de los prisioneros alemanes más privilegiados o de los jefes de las barracas.

Terminamos contra esa pared, esperando allí en mitad de la noche, sin saber si estábamos a punto de morir o si seguiríamos con vida. Recuerdo que hacía mucho frío. No teníamos idea de lo que iba a suceder, pero estábamos casi seguros de que no sería nada bueno.

Se escuchó el sonido de una tela y todos los prisioneros emitieron chillidos y gritos ahogados. Levanté la mirada y vi que, de repente, habían levantado las cortinas de lona que cubrían la parte de atrás de los camiones.

Los dos equipos de ametralladoras escondidos en la parte trasera de los camiones empezaron a disparar, los cañones emitiendo luces en la oscuridad y escupiendo sus balas hacia la muchedumbre de prisioneros; directo hacia mí.

En el instante en que escuchamos las ametralladoras, nuestro primer instinto fue lanzarnos al piso, lejos del sonido, escabullirnos y tratar de esquivar las detonaciones y las balas.

Como fuimos el último grupo al que seleccionaron, estábamos hasta la parte de atrás. Frente a mí estaba un tipo bastante alto al que le dieron con la primera ráfaga de tiros. Cayó de espaldas sobre mí, sentí un intenso dolor en la rodilla y, después, quedé bajo una pila de hombres que se sacudían mientras morían. Había tantísima gente y estábamos tan apelmazados cuando empezaron a tirar, que los soldados no tenían una vista clara de las personas de atrás. Además, éramos pequeños, solo unos chicos en comparación con los demás hombres; así que, entre toda la confusión, algunos nos salvamos de los tiradores que se vieron obligados a dispararnos desde la altura de los camiones.

El fuego de las ametralladoras cesó, pero había prisioneros heridos que gritaban y gemían y trataban de arrastrarse sobre el piso para alejarse de las balas, intentándolo todo con tal de sobrevivir. Pude asomarme sobre el hombro del cadáver que estaba sobre mí y vi que había dos oficiales alemanes con sus pistolas desenfundadas que revisaban el montón de hombres muertos y agonizantes. Estaban yendo uno por uno, disparándoles atrás de la cabeza a los heridos indefensos que estaban sobre el piso.

Mis amigos de los establos también habían sobrevivido a la primera oleada de balas. Estábamos atrapados en un pequeño grupo hasta la parte de atrás, rodeados de los muertos y de los que todavía estaban muriendo, donde las balas no habían llegado.

No muy lejos había una puerta que conducía al siguiente edificio en las orillas del patio. Yo sabía que llevaba a un pasillo que atravesaba el edificio. Les susurré a mis amigos que todos deberíamos correr al mismo tiempo para ver si podíamos llegar a la puerta.

Si íbamos separados, tendrían vía libre para dispararle a cada uno, pero si corríamos todos juntos, y hay que decirlo, éramos bastante pequeños, quizá tendríamos una oportunidad.

Estábamos rodeados de sangre, trozos de cuerpos y muerte. Era la única oportunidad que teníamos.

Susurré la señal: «¡Ahora!». Todos nos pusimos de pie y corrimos a la puerta. Estaba apenas a unos pasos de distancia. Olvidé el dolor de mi rodilla con la adrenalina y el pánico del momento. En el caos, con los alemanes disparándoles a las personas del frente, logramos cruzar el patio y entrar por la puerta.

Seguimos corriendo como locos por todo el edificio y salimos por la puerta que estaba al otro extremo. Corriendo de barraca en barraca, y evitando a los guardias alemanes cuando teníamos que pasar por trechos abiertos, logramos regresar a nuestros respectivos edificios.

Si los alemanes se hubieran dado cuenta de que habíamos escapado del patio, no dudábamos que terminarían con nosotros. Jamás he estado así de aterrado en toda mi vida. Cuando al fin llegamos a nuestras barracas, tuve que luchar para controlar mi respiración. Me di cuenta de que me había ensuciado los pantalones por el terror; estaba hecho un desastre.

No quedé malherido. Era más como un raspón profundo, una herida superficial que un hoyo de bala. Podía esconderlo del jefe de las barracas y de los demás muchachos. Una vez que estuve solo, procuré limpiar la sangre y las heces de mi uniforme y reparar el hoyo en el pantalón de mi uniforme para que los alemanes no lo vieran y se dieran cuenta de que había sido uno de los prisioneros que escapó de la matanza.

En medio de la confusión, junto con todos los miles de prisioneros más, logré salirme con la mía. Si me hubieran herido un poco más o si no hubiera ido a trabajar al día siguiente o el día después de ese, me habrían descubierto.

¿Cómo tratas una herida de bala si no tienes vendas, médicos, ni medicinas? Orinas sobre ella para desinfectarla lo mejor posible. Si se infecta, la cubres con mocos. Los tomas directo de la nariz, que siempre está escurriendo a causa del frío, y los usas como una especie de película protectora y como una especie de antibiótico.

Si no estuve aterrado antes, sin duda ahora lo estaba. Me horrorizaba recordar lo que pasamos, saber que nos seleccionaron para morir, que nos dispararon con ametralladoras y que, por ninguna razón real que pudiéramos entender, sobrevivimos.

Los demás chicos a los que eligieron en mi grupo de caballerangos seleccionados para morir también lograron salir del patio y llegar a sus barracas.

Tal vez los tiradores alemanes se sintieron un poco inseguros de dispararles a muchachos y no a hombres; o tal vez fallaron porque éramos pequeños y porque era difícil ver en la oscuridad hasta la parte trasera del grupo de condenados.

La reja principal de Auschwitz I, donde Henry Oster fue seleccionado para enfrentarse a un pelotón de fusilamiento con ametralladoras en represalia por el intento de escape de unos prisioneros polacos. Foto: Wikimedia Commons.

Los alemanes no organizaron una gran persecución en el campo para encontrarnos, lo que nos dio la oportunidad de escabullirnos a nuestras barracas antes de que alguien supiera que no estábamos y, por supuesto, jamás mencionamos una sola palabra de lo que sucedió a nadie. Esa es una de las razones por las que no estoy del todo seguro de a quién eligieron. No podíamos darnos el lujo de hablar al respecto con los demás compañeros, aquellos que estaban al frente de la fila y que no sabían acerca del fusilamiento. No podíamos confiar en nadie. Las personas se entregaban unas a otras, se delataban entre sí y se enviaban a las cámaras de gas por apenas media rebanada de pan. En ocasiones, ahogaban a las personas mientras dormían solo para que alguien más pudiera robarse una costra de pan. Aunque a los judíos nos estaban persiguiendo y, a menudo, aniquilando como grupo, para poder sobrevivir a este lugar infernal, primero tenías que velar por ti. Nos desensibilizaron, degradaron y deshumanizaron. Éramos como autómatas que hacían lo que fuera con tal de sobrevivir. Los prisioneros que no cuidaban de sí mismos simplemente no sobrevivían.

A uno de los chicos, el que estaba justo detrás de mí en el patio, lo hirieron en el pie. A otro le dieron en un hombro y al otro en un costado. Sin embargo, gracias a quién sabe qué motivo, ninguno murió esa noche.

Resultó que esta masacre fue una represalia por el escape de cuatro prisioneros gentiles polacos; un escape brillante que contó con ayuda externa de la resistencia polaca y también de adentro del campo. Con el fin de vengarse y de desalentar que nadie más intentara escapar, los alemanes hicieron que cada jefe de barraca eligiera a dos prisioneros para asegurarse de que todas las personas en el campo conocieran al menos a uno de los asesinados.

En represalia por el escape de los cuatro prisioneros que lograron irse, los alemanes decidieron asesinar a 43 personas; más o menos diez por cada uno de los polacos.

Querían propagar el terror de manera equitativa, pero sus cálculos parecieron fallarles y los alemanes necesitaban algunos judíos más a quienes matar. Nosotros, los caballerangos, terminamos en el sitio incorrecto, en el momento incorrecto.

En todo el campo, los alemanes llamaron «Teatro Nocturno Sabatino» a la matanza. Era parte de su enfermizo sentido de la ironía; como si asesinar judíos fuera algún tipo de entretenimiento, algo similar a ver un partido de futbol o ir a la ópera.

De todas las cosas que me llegaron a pasar a lo largo de mi estancia como prisionero de los nazis, esta fue la que más me alteró. Supongo que la única manera que tuve para seguir adelante fue eliminarla de mi mente. Fingir que jamás sucedió o que, si había sucedido, le había pasado a alguien más.

Estaba seguro de que si pensaba en ello a diario me volvería loco.

Mi vida dependió de que mantuviera en secreto este suceso y, durante los siguientes 65 años, eso hice.

A la mañana siguiente, que era domingo, nos reunieron como en tantos otros domingos junto a las horcas del campo. Allí estaba la banda de guerra alemana, justo al lado del patíbulo. Habían recapturado a tres de los prisioneros que escaparon entre los círculos concéntricos de cercas de alambre de púas. Los ejecutaron frente a nosotros con la orquesta del campo de fondo como si se tratara de un maldito desfile.

Los alemanes dejaron a dos de ellos colgados allí durante dos días.

También dejaron los cuerpos de los hombres ametrallados, de las víctimas de la matanza de la que escapamos, tirados entre los dos edificios.

Durante el siguiente par de días, mientras íbamos de ida y vuelta al trabajo, nos obligaban a pasar frente a los montones de cadáveres sangrientos y ametrallados del patio y de los cuerpos colgados junto a la reja, mientras se mecían en el aire.

25

UNA PALIZA, UN JITOMATE Y UNA HOGAZA DE PAN

PRONTO, ME DIERON OTRO TRABAJO como mensajero de los establos. Al igual que en el gueto de Łódź, a diario tenía que llevar los informes al edificio administrativo. Dado que solo tenía tres caballos de los que hacerme cargo, los alemanes decidieron que me sobraba tiempo para una tarea adicional y, porque hablaba alemán, era menos probable que se suscitaran problemas para que me trasladara por el campo: si un alemán me detenía para preguntarme lo que estaba haciendo, podía decírselo en su propio idioma, lo que me daba algo de flexibilidad para trasladarme entre los establos y los edificios administrativos.

De camino, día con día, tenía que pasar frente a un lugar al que le decían «*Kanada*». Se trataba de una pequeña bodega junto a la reja principal en la que recolectaban, clasificaban y enviaban, como ayuda para el esfuerzo de guerra alemán, todas las pertenencias de los prisioneros que acababan de llegar, vivos o muertos, o lo que quedaba de ellos después de que los alemanes, e incluso los reos que trabajaban en *Kanada*, se hubieran llevado lo que pudieran.

No lo supe en aquel momento, pero se le conocía como *Kanada* (la manera alemana de escribirlo), porque, desde la perspectiva de Auschwitz, el país de Canadá era una tierra de fantasía, una especie de Shangri-La. Para los prisioneros que sabían más acerca del mundo externo que yo, Canadá prometía ser el mejor sitio de todo el mundo: libre, limpio, seguro... y sin un solo nazi.

Había una versión más grande de este centro de clasificación en el campo de Birkenau, donde primero me encerraron. La bodega más pequeña, dentro de la alambrada de Auschwitz I, estaba dedicada, tengo entendido, a empacar y enviar a Alemania o a las diferentes fábricas de guerra dentro del complejo de Auschwitz, productos específicos como ropa, cabello, calzado, lentes, dinero, joyería, relojes e incluso dientes de oro extraídos.

Tener un trabajo en *Kanada* era lo más cercano que un judío de Auschwitz podía estar de encontrarse a salvo y bien alimentado.

En su mayoría, quienes trabajaban eran mujeres. A diario, cerca de las diez de la mañana, yo pasaba frente a ellas y veía a las mismas mujeres a través de la cerca mientras clasificaban las pertenencias de cada nuevo cargamento de prisioneros. Las saludaba con la mano, les decía «hola» y hablábamos un poco. Cuando las conocía, las mujeres me preguntaban que de dónde era y acerca de cualquier familiar que pudiera tener allí. Recuerdo que me pidieron el nombre de mi madre, por si acaso existía una levísima posibilidad de que siguiera con vida.

Y, mientras hablábamos, de vez en cuando alguna de las mujeres arrojaba un trozo mohoso de pan o algún otro mendrugo de comida que encontraba en la ropa o las maletas de los prisioneros, sobre la cerca para que yo lo tomara. Era como si estuvieran alimentando a una paloma.

A veces, alguna de las mujeres dejaba algún trocito de pan cerca de la valla, como si se hubiera caído allí. Cuando nadie estaba viendo, podía agacharme a tomarlo.

Si las hubieran descubierto, se habrían metido en un enorme problema. Después de salir seleccionadas para este maravilloso trabajo, ¿se estaban dedicando a robar alimentos para dárselos a otro prisionero?

En ocasiones, seleccionaban a las mujeres que acabaran de entrar al campo para que trabajaran como prostitutas. Como ya mencioné antes, Auschwitz contaba con un burdel propio, en el edificio de la izquierda al entrar por la reja principal. A estas mujeres, las más bonitas, también se les daba una opción tremenda cuando llegaban: unirse a la población general, donde sin duda pasarían hambre y trabajarían hasta morir, o convertirse en prostitutas para los prisioneros más privilegiados, por lo general guardias y alemanes que estaban encerrados por algún tipo de delito. Estos prisioneros recibían pases por buena conducta; un boleto que les valía unos minutos con alguna de las prostitutas esclavizadas.

Era en contra de la ley que los soldados alemanes tuvieran relaciones sexuales con una judía, pero sabíamos que algunos visitaban el burdel de todas maneras.

Los alemanes juntaban a las mujeres más atractivas, luego les explicaban con enorme claridad: si hacían lo que ellos querían y se sometían a tener relaciones con estos soldados y prisioneros privilegiados, les podía ir mejor. Podrían estar a salvo y se les daría comida.

Para aquellas mujeres que se rehusaban o protestaban, los alemanes idearon un castigo terrible. Nos contaron que le prendieron fuego a una de las mujeres que estuvo en contra. Al negársele a los alemanes, uno de ellos le abrió las piernas, le echó gasolina sobre la vagina y la prendió con un cerillo. Todo el mundo sabía que sucedía ese tipo de cosas; se difundía por el campo de manera instantánea.

Los alemanes le decían *pflaume* o «ciruela» a la vagina de las mujeres como parte de su idioma soez, por lo que el incidente se llegó a conocer como el *Pflaume Feur,* el «encendido de la ciruela». Si algunos de los demás prisioneros le reclamaban a alguna de las mujeres por tener relaciones con los alemanes, ella les decía: «Solo lo hago porque me obligan. No quiero que me incendien el vientre ni tener una *Pflaume Feur*».

Las mujeres a las que forzaban a prostituirse recibían comida adicional para que pudieran estar sanas y bien alimentadas para sus clientes. Si tenían algún conocido o, incluso, un amante, podían bajarle una canasta con alimento desde su ventana.

A las mujeres del *Kanada* más grande, el de Birkenau, les daban trabajos de menor categoría, como clasificar los dientes de oro que los hombres extraían de los cadáveres o catalogar el cabello que les cortaban a quienes llegaban: aunque parezca increíble, los alemanes lo utilizaban como material aislante para sus submarinos. La mayor parte de las pertenencias de los prisioneros se enviaba de vuelta a Alemania para ayudar a proveer a las personas del país durante la guerra. Incluso utilizaban los cuerpos de algunas de las personas a las que gaseaban o que morían de hambre o por enfermedades: según nos enteramos después, utilizaban su grasa para hacer jabones, además de que trituraban los huesos como complemento de calcio para fertilizantes.

Como dije antes, de vez en cuando, gracias a la amabilidad de las mujeres que trabajaban en el *Kanada* de Auschwitz I, conseguía alguna corteza mohosa de pan. Es casi seguro que haya comido más moho a lo largo de mi vida, y más penicilina, que cualquier otra persona viva. Me comía la corteza mientras caminaba, solo algunas migajas a la vez. No podía guardarla ni regresar con ella a las barracas porque entonces tendría que compartirla con todo el mundo.

Recuerdo a un amigo que me preguntó si podría conseguirle algo de comida en *Kanada*. Hice lo que pude; siempre que me fue posible, compartí un poco de mi pan con él en secreto. Se llamaba Josh, pero le decíamos Joshy porque era tan joven como yo.

No tengo idea de lo que le sucedió. No sé si sobrevivió.

Una vez traté de esconder un trozo de pan en los terrenos del campo porque no pude comérmelo todo ese primer día. Por llevar tanto tiempo de inanición, mi sistema solo toleraba pequeñas porciones de comida a la vez. Al día siguiente, regresé por el trozo de pan que oculté debajo de un árbol. Me di cuenta de que había un guardia alemán que estaba paseando a su perro; el animal levantó la pata y se orinó justo en ese árbol, en el lugar exacto donde escondí mi pan.

Traté de lavar el pan, pero no pude quitarle los orines. Estaba devastado. Cuando no tienes nada, la cosa más mínima se convierte en un tesoro. Por ese trozo de pan hubiera dado casi cualquier cosa, y lo había perdido.

También tenía que pasar frente a la panadería del campo a diario. El aroma a pan horneado era agonizante e irresistible. Era algo que ansiaba porque, por lo menos, era algo que olía a comida, a vida, a la vida como fue antes de Łódź y de Auschwitz. Por un breve instante, podía verme a mí mismo y a mis padres, sin una sola preocupación en el mundo, comprando pan dulce en Colonia algún domingo.

Era una intensa tortura percibir ese aroma a harina, levadura y calor, que llenaba mi nariz, inundaba mi cerebro y mortificaba mi boca llena de saliva, y no poder tomarlo entre mis manos y devorarlo.

A diario, los prisioneros alemanes privilegiados salían al muelle de carga para meter el pan en camiones que después distribuían a lo largo del campo; de modo que, para aumentar todavía más mi infelicidad, tenía que ver cómo llevaban, apilaban y cargaban las hogazas. Un día, mientras estaba pasando por ahí, intentando no mirar el maravilloso pan, una de las hogazas cayó de la plataforma al piso. Mis esperanzas se elevaron, pero después quedaron destrozadas cuando el prisionero que la había tirado bajó por las escaleras, la recogió y la regresó al camión. A lo largo de las semanas siguientes, ocurrió lo mismo en tres ocasiones distintas. Empecé a preguntarme por qué siempre tiraba una hogaza en el momento en que pasaba yo, como a las diez de la mañana.

Decidí que, quizás, alguno de los encargados de las operaciones de la panadería estaba tirando las hogazas a propósito. La próxima vez que pasé, noté que un tipo, probablemente un alemán, un prisionero gentil, veía a su alrededor con la mano lista para tirar el pan. En efecto, una vez que estuvo seguro de que nadie lo veía, lo dejó caer.

Era un riesgo enorme. Si me descubrían robando una hogaza de pan, lo más seguro era que me matarían. Sin embargo, el hambre puede hacer que te arriesgues a casi todo.

Más aún, tuve la valentía de acercarme, recoger el pan y empezar a caminar como si nada hubiera sucedido.

Di como cinco pasos antes de que se desatara el infierno. El hombre a cargo de la panadería, un tipo de la SS con su uniforme negro, empezó a gritarles a sus trabajadores para que me detuvieran por robar. Antes de que siquiera tuviera la oportunidad de oler el pan, ya me estaban arrastrando al interior de la panadería.

El oficial alemán me gritó y me golpeó con su fuete. Portaba el uniforme elegante, las botas, todo para corroborar que era un hombre importante en el campo. Era un oficial alemán que de alguna manera había metido la pata y que ahora estaba encargado de la miserable panadería.

Le rogué en alemán: «¡Por favor, por favor, no me pegue!». Le dije que lo sentía y que jamás lo volvería a hacer. Un torrente en alemán desesperado salió de mi boca; dije todo lo que me vino a la mente, presa del más absoluto pánico, para convencerlo de que me dejara ir, de que no me matara.

Dejó de gritar.

—¡Hablas alemán! —me dijo—. ¿Cómo es posible que lo hables tan bien? ¡Tu alemán es excelente!

—Soy alemán —le respondí—. Soy un judío alemán.

Fue evidente que quedó impactado de que un adolescente alemán, aunque fuera judío, estuviera aquí en Auschwitz cuando casi todos los demás prisioneros eran hombres polacos mayores. Le conté mi historia; que me habían enviado a Auschwitz desde Łódź.

Después me preguntó que de dónde era.

—Soy de Colonia —le dije. Volvió a levantar su fuete y yo me achiqué al tiempo que levantaba un brazo para defenderme en espera de un nuevo golpe. Pero, en lugar de eso, golpeó contra su bota.

—Pero, con un demonio, ¡yo soy de allí! —respondió, sorprendido.

Siguió regañándome como si fuera su deber, como si alguien pudiera estarlo viendo.

—¿Cómo puedes hacer algo así de terrible y robarle al *Reich*? ¿Qué no sabes lo que te pudo suceder?

Yo estaba pasmado y tembloroso mientras un sinfín de pensamientos cruzaba por mi mente: «¿Va a entregarme, a mandarme a la horca? ¿O acaso este hombre de la SS, de aspecto malévolo con su enorme sombrero militar y sus botas de cuero negro va a perdonarme la vida?».

Pareció decidir algo.

—Ya recibiste tu castigo, señor Heinz Oster de Colonia. Voy a dejarte ir, de modo que sal de inmediato de aquí y no dejes que jamás vuelva a atraparte haciendo algo como esto, o será lo último que hagas en toda la vida.

Me recogió como si fuera un espantapájaros, me empujó por la puerta y con su bota me dio una patada hacia el patio, haciéndome volar de la plataforma de concreto a la tierra húmeda. Me dolió la cabeza y pensé que me había vuelto a pegar al salir por la puerta. Pero después me di cuenta de que había una hogaza de pan a mi lado, que arrojó tras de mí.

Levanté la mano para sentir mi cabeza y cuando la vi estaba mojada y enrojecida. Pensé que estaba sangrando, pero entonces vi que, después del pan, había arrojado un jitomate; un enorme jitomate maduro que había visto antes sobre su escritorio. Se dio la vuelta y regresó al interior, dejándome en el piso con una hogaza de pan y un jitomate.

Fue como ganarme la lotería. No, fue todavía *mejor* que eso.

Me comí el jitomate y escondí el pan para poder regresar a diario, comer un poco y hacerlo durar. Incluso le compartí un pedazo a un amigo, los dos estuvimos royendo trocitos de pan durante los siguientes diez días, migaja por migaja. En todo el tiempo que estuve en Auschwitz, esa fue una de las cosas más humanitarias que un alemán hizo por mí: una paliza, un jitomate y una hogaza de pan.

26

EL CORREDOR Y EL NAZI TUERTO

MI TRABAJO COMO MENSAJERO me daba cierta libertad para encontrar comida, pero a veces me metía en situaciones que me dejaban por completo aterrado. En Auschwitz podías engañarte y sentir que estabas relativamente a salvo durante un minuto, y al siguiente estabas muerto. De modo que nunca sabía con lo que podría toparme.

Más o menos cada veinte días nos daban un baño en las regaderas de un bloque de barracas junto a la letrina principal del campo. De regreso del trabajo, mucho después de que se pusiera el sol, a los caballerangos nos hacían entrar y nos ordenaban que nos desnudáramos. Los nazis estaban en una búsqueda constante de señales de debilidad. Constantemente llegaba a Auschwitz más y más gente, y para abrirles espacio, quienes ya estaban allí tenían que morir. Ese era el final del recorrido. Si parecías lastimado o enfermo o más muerto de hambre que los demás, te elegían para morir.

Los buitres de la SS aprovechaban la oportunidad de estos baños ocasionales para inspeccionar a sus prisioneros. Como ya estaban formados y desvestidos, era un momento perfecto para que estudiaran sus enclenques cuerpos y revisaran si tenían heridas o señales de enfermedad, y así determinar si todavía podían seguir con las labores intensas durante algunas semanas más; o si ya estaban acabados, caducos; o si ya no valía la pena que los alimentaran un día más.

A través de la red de rumores del campo, todos nos habíamos enterado lo que significaban estas inspecciones. Si te permitían bañarte, todo estaba bien; si no... bueno, mala suerte para ti. A los prisioneros que ya no pasaban la inspección se les sacaba de la fila para las regaderas, se les ordenaba que volvieran a vestirse y se les detenía en esas barracas.

Por la mañana, transportaban a esos pobres y sucios judíos a las cámaras de gas de Birkenau.

Por alguna razón, los caballerangos parecíamos inmunes a este tipo de selección. Es posible que algún nazi anónimo haya dado alguna orden de que no se nos debía singularizar ni asesinar. En realidad, nunca nos enteramos del porqué, pero a nuestro grupo de 131 muchachos siempre nos hacían pasar directo a las regaderas.

Esto era una fortuna para nosotros, pero la experiencia era desgarradora. No podíamos evitar pasar frente a las masas de hombres a los que habían sacado de la fila antes de nuestra llegada. Los mantenían aparte y bajo vigilancia durante el resto de la noche para evitar que encontraran algún sitio dónde ocultarse o que escaparan al interior del campo para contarles su destino a los demás prisioneros. Una vez que los nazis los agarraban, ya jamás los dejaban ir.

Debido a que nosotros regresábamos al campo mucho más tarde que todos los demás, nos obligaban a caminar frente a casi todos los prisioneros seleccionados para morir al día siguiente. Imagina ver el rostro de un hombre, de alguien que no ha hecho nada malo, que se acaba de percatar de que esta será su última noche de vida. Ahora multiplica eso por cien o más; era el número de judíos condenados y desesperados que habían sido elegidos viéndonos pasar frente a ellos, completamente desnudos, de camino a las regaderas.

Algunos parecían resignados; otros actuaban con enojo. La mayoría solo parecía asombrada y horrorizada. Jamás podré olvidar sus caras.

Yo quedaba sorprendido cada que los caballerangos salíamos con vida de ese maldito edificio de regaderas. Sentía una abrumadora oleada de emociones: alivio por sobrevivir y culpa por la misma razón. Mientras salíamos a tropezones hacia nuestras barracas, fríos y mojados en el aire de la noche, podía escuchar los gritos y quejidos de los hombres que se quedaban atrás.

Sabía que, de nuevo, habíamos tenido suerte, muchísima suerte. Pero en Auschwitz, como todos sabíamos, tu suerte podía cambiar en un instante. Una mañana eso estuvo a punto de suceder.

Mi trabajo requería que entrara por la reja principal de Auschwitz cada mañana con los reportes diarios. Si ya nos habíamos bañado la noche anterior, para cuando yo llegaba, por allí de las nueve o diez de la mañana, los hombres condenados solían haberse marchado para no volver a ser vistos o escuchados.

En esa ocasión hubo algún tipo de retraso: un engrane roto en la maquinaria mortal. En el camino justo afuera de la reja, estaban estacionadas dos filas de camiones de plataforma cubiertos con lonas; cinco del lado izquierdo y tres del lado derecho. Estaban atestados de los mismos hombres desesperados que gritaban y frente a los que caminé la noche anterior.

El cabello de mi nuca se me erizó y quedé empapado de sudor. Era un sitio muy peligroso para que estuviera un judío solo. Si un guardia de la SS me veía en medio de todo el caos, podría suponer que era uno de los condenados intentando escapar para obligarme a subir a uno de los camiones. O, simplemente, podría matarme con su máuser.

Lo único que me distinguía de los prisioneros que estaban sobre los camiones era la colección de reportes de los establos entre mis temblorosas manos. Si un guardia me increpaba, había la posibilidad de que pudiera utilizarlos para comprobar que estaba allí por un encargo legítimo y no porque era uno de los seleccionados. Pero eso solo si decidía preguntármelo: los matones de la SS sabían que jamás los sancionarían por matar a un judío, pero si dejaban que alguno escapara o se saliera con la suya, tendrían bastantes problemas.

Respiré hondo una última vez y me obligué a caminar por el centro del camino, mirando al frente y con mis papeles delante de mí como si fueran un escudo, como si los camiones y los hombres a cada lado no existieran. Traté de cerrar mis ojos y apagar mi cerebro, pero podía oír que los hombres me llamaban. Gritaban sus nombres y las ciudades de donde venían para que sus vidas y sus muertes se recordaran. Me rogaban que les dijera a sus familias lo que estaba a punto de pasarles, como si ya estuvieran muertos. Como si fuera capaz recordarlos a todos; como si pudiera hacer algo para ayudarlos.

No podía darme el lujo de detenerme ni de decirles una sola palabra a estos pobres hombres condenados. Si quería vivir, tenía que ignorarlos. Traté de parecer importante, cosa nada fácil para un enclenque de 15 años en Auschwitz.

Cuando llegué a la puerta del edificio administrativo, estaba jadeando y sentí que acababa de huir de mi propio funeral.

Como todos los días, le entregué mis reportes al mismo oficial de la SS que estaba en el edificio administrativo. Me contó que salió herido del frente ruso, pero que, en lugar de mandarlo a casa, lo retuvieron en la SS y lo asignaron a este reducto del infierno. Solo le quedaba un ojo y su rostro quedó destrozado por la metralla rusa; tenía un aspecto rojizo y derretido; como si fuera carne salida directamente de un molino.

Su rostro era horripilante, pero a pesar de todo, mostraba señales de ser una persona decente. Habíamos platicado un poco como parte de nuestra rutina diaria durante las semanas anteriores, y me contó que a pesar de que no tenía ni voz ni voto al respecto porque, después de todo, era un oficial de la SS, estaba en contra del asesinato masivo que se llevaba a cabo en el campo.

Los camiones seguían allá afuera e incluso dentro del edificio todavía se podían escuchar los gritos. Traté de quedarme allí dentro el máximo tiempo que pude. No tenía intención de salir hasta que no fuera absolutamente necesario. Tenía la esperanza de que los camiones iniciaran su terrible viaje y así salvarme de que me subieran a alguno. Sabía que mis papeles me habían ayudado al entrar porque me daban un aspecto de propósito y autoridad, pero que, si salía sin ellos para pasar por ese corredor de la muerte, parecería que estaba tratando de escapar. Justo lo que haría cualquiera que lo estuviera intentando.

El oficial herido notó que me estaba quedando más tiempo que de costumbre.

—¡Ya lárgate de aquí! —ordenó.

Señalé hacia la escena de caos afuera de su puerta.

—¿Pero cómo sé que los guardias no van a dispararme cuando pase frente a ellos? —le pregunté con voz temblorosa.

Se asomó por la ventana con el ojo que le quedaba.

—Ya veo. —Se puso de pie y caminó hasta la puerta—. No necesitas preocuparte —afirmó—. Saldré contigo.

Sin duda habremos parecido una pareja muy extraña mientras pasamos por la reja y el camino convertido en cementerio; un chico judío, pálido como fantasma, y un oficial mutilado de la SS. Caminó conmigo hasta que pasamos los camiones y al fin se dio la vuelta mientras yo seguía adelante.

Tuve tanto miedo que me oriné encima. Cuando regresé a los establos, tuve que colgar mis pantalones para que se secaran.

27

ALGO ESTÁ PASANDO AQUÍ

EN EL INVIERNO DE 1944, a finales de noviembre, las cosas empezaron a cambiar. Los alemanes nos sacaron a todos los caballerangos del campo principal de Auschwitz, lejos de los caballos, y nos transportaron a un subcampo recién construido llamado Plawy, a algunos cientos de metros al oeste. Jamás pude averiguar para qué se diseñó Plawy, ni a quién se suponía que retendrían allí. Para nosotros, solo sirvió como un sitio de detención, otro lugar más donde los alemanes nos almacenaron mientras decidían nuestro destino.

Un domingo, en lugar de regresar al campo principal después del trabajo, nos transportaron a este extraño y nuevo lugar. Estaba inmaculado y limpio, para nada como lo que habíamos visto en Auschwitz. Sin embargo, algo parecía extraño. Ya estábamos acostumbrados a la rutina de nuestro trabajo en los establos y en el campo; eran nuestro hogar. Y ahora, como todo lo demás, ya no existía.

No teníamos nada que hacer. Había algo flotando en el aire; los alemanes no se estaban comportando con su habitual arrogancia y aire de autoridad. Había un trasfondo de temor, de incertidumbre.

No teníamos idea de lo que estaba pasando en el mundo exterior. No teníamos idea de cómo estaba transcurriendo la guerra, ni si los alemanes iban ganando o perdiendo. Más tarde, nos enteramos de que lo que tenía aterrados a los alemanes era el Ejército Rojo de Rusia, que venía con toda fuerza desde el este, arrasando con Polonia y dirigiéndose justo hacia Auschwitz. Por fin, los superhombres nazis estaban a punto de terminar cazados, derrotados y probablemente asesinados o capturados para, a su vez, convertirse en esclavos.

Los alemanes habían tratado al pueblo ruso de manera terrible. Destruyeron la mayor parte del oeste de Rusia, exterminaron a todos los judíos rusos, violaron a las mujeres rusas y torturaron a los niños. Trataron a los prisioneros de guerra de Rusia casi tan mal como a los judíos. Mataron y dejaron morir de hambre a millones de ellos, pero ya estaban en camino, más fuertes día con día, sin pensar en nada más que en su venganza.

En la actualidad, a través de lo que dejaron escrito y registrado los nazis, sabemos que estaban en el proceso de borrar cualquier rastro de Auschwitz: que estaban intentando eliminar la evidencia y todos los registros, que estaban tratando de ocultar la verdad acerca de las atrocidades que sucedieron allí y de escapar de la responsabilidad que representaba el sitio más grande de exterminio masivo en la historia de la humanidad. Al final, incluso trataron de dinamitar los crematorios y las cámaras de gas de Birkenau con tal de ocultar los horrores que cometieron allí.

Pasamos alrededor de cuatro o cinco semanas en el nuevo campo. No teníamos trabajo ni caballos a los que cuidar, ni nada en que ocuparnos. Lo único que hacíamos era pasar el tiempo y esperar, además de especular qué era con exactitud lo que los alemanes querían hacer con nosotros.

Y si pensábamos en lo que ya habíamos atravesado para ese momento, nuestros futuros no parecían nada largos ni nada esperanzadores.

Eso nos hacía sentir todavía más atemorizados y ansiosos. Cuando trabajábamos podíamos dejar de pensar durante algunos minutos mientras nos concentrábamos en lo que teníamos que hacer e intentábamos, al menos un poco, mantenernos adelantados a los guardias. Aquí, no nos quedaba nada más que pensar.

Cuando dejaba que mi mente vagara, pensaba en mi madre, mi padre, y mis pocos y fugaces amigos, tanto de Łódź, como de Auschwitz, que se habían transformado en el humo que salía de las chimeneas de los crematorios.

Aunque no podíamos trabajar, siguieron dándonos nuestra habitual ración diaria de comida, de modo que la mayoría seguimos estando sanos. Además, pronto sería enero en Polonia y uno de los inviernos más fríos de la historia, así que estábamos felices de pasar la mayor parte del tiempo adentro, donde podíamos tratar de mantenernos abrigados.

Sin embargo, por todos nuestros amargos años de experiencia, sabíamos que los alemanes nos tenían algo planeado; algo que siempre sería peor de lo que ya habíamos soportado hasta el momento.

28

LA MARCHA

UN DÍA, EL 23 DE ENERO DE 1945 para ser exactos, nos reunieron en la *Appelplatz* de Plawy. La SS nos informó que nos iríamos a otro campo al oeste. Reunimos nuestras pocas posesiones; en mi caso, solo mi ropa y mi abollada taza, que seguía colgando del sucio cordel alrededor de mi cuello. Algunos de los demás prisioneros lograron cargar con alguna vieja cobija alrededor del cuello o, incluso, con algún delgado colchón que llevaban sobre el hombro y que tomaron de las barracas que dejaríamos atrás. La SS nos incorporó a un grupo todavía más grande, como de mil personas.

Empezamos a caminar en el helado invierno polaco sin nada de comida ni agua. Marchamos por un camino pavimentado, cubierto de nieve, hielo y escarcha, con terrenos de granja a un lado y un bosque del otro. Frente a nosotros se extendía la infinita vía que desaparecía en la distancia.

Las reglas de la marcha eran sencillas. Si te mantenías al nivel del grupo de avanzada quizá se te permitiera vivir. Si te rezagabas más de diez metros, un nazi te disparaba en la cabeza.

Los nazis utilizaban estas marchas de la muerte como manera eficiente para trasladar grandes números de personas de manera rápida y económica; y para asesinar a muchas personas sin necesidad de quemar o enterrar sus cuerpos. Si 20, 30 o 40% de los prisioneros que sacaban de Auschwitz moría en el trayecto, mucho mejor. Eso solo dejaba menos personas a las que cuidar, menos animales que albergar, menos bocas que alimentar.

En general, el camino se encontraba a unos metros por encima del nivel del bosque, con grandes cunetas que bajaban de él y que estaban diseñadas para mantener el camino seco de la lluvia y de la nieve derretida. Pero a medida que miles de prisioneros en grupo tras grupo marchaban en la misma dirección, estas cunetas se convirtieron en enormes fosas comunes.

Por todo el camino, pudimos ver los cadáveres de quienes ya habían pasado por allí. Había cuerpos destrozados, ensangrentados, tirados y congelados a lo largo de las cunetas junto a las que pasábamos. Algunos todavía tenían los ojos abiertos, mirando los cielos polacos por toda la eternidad. Los cuerpos que vimos, las víctimas de marchas anteriores, hombres, mujeres e incluso niños, quedaban abandonados para congelarse y podrirse. Los nazis creían que, si los cuerpos quedaban cerca de algún poblado, quizá los granjeros y aldeanos polacos los enterrarían. Si les disparaban a todos los prisioneros en un solo sitio, los nazis se tendrían que encargar de deshacerse de ellos. Pero si los muertos solo quedaban regados por los caminos de manera individual o en grupos de dos o tres, los alemanes podían ignorarlos y seguir adelante, para que alguien más se hiciera cargo de los cuerpos.

Yo hice el intento de no mirar; traté de mantener la vista fija hacia adelante y abajo para no atraer la atención de los nazis; pero los cuerpos estaban por todas partes, como si una mano gigante y descuidada los hubiera regado por doquier.

Al igual que todos en este macabro desfile, solo seguí arrastrándome hacia adelante, moviéndome con la mayor lentitud posible para ahorrar energías, pero haciendo lo que estaba en mis manos por mantenerme a la par de los que estaban frente a mí y nunca detenerme, ni caminar con demasiada lentitud, ni destacarme de ninguna otra manera.

Cuando la gente se sentía demasiado cansada, enferma o hambrienta como para seguir adelante, empezaba a quedarse a la deriva. No había nada que pudiéramos hacer para ayudarlos. Algunos tropezaban, se caían y trataban de levantarse, presas del pánico y esforzándose por alcanzarnos antes de que les dispararan. Otros solo caminaban más y más lento y, de manera gradual, quedaban rezagados del resto de la formación; y otros más, superados por la fatiga, el frío, el dolor de pies y la simple desesperanza, simplemente se daban por vencidos y se detenían.

Los guardias alemanes iban detrás de los prisioneros en un *Kübel-wagen,* un *Volkswagen* tipo *Jeep,* en espera de su próxima víctima. Si algún prisionero se detenía para tratar de ayudar a algún compañero agotado, aunque fuera por solo algunos segundos, también le disparaban. El crimen era que te observaran a diez metros de los demás y el castigo era una muerte rápida y segura.

Para evitar arrastrar los cuerpos a las cunetas por ellos mismos, y quizá mancharse las manos con la contaminada sangre judía, el primer paso de los alemanes era obligar a sus exhaustas víctimas a moverse hacia un lado del camino. Algunos rogaban por sus vidas. Algunos gemían: «No, no, no». Otros llamaban a Dios; como si creyeran que aún existía uno que pudiera escucharlos. Otros gritaban y algunos más solo esperaban, con los ojos cerrados, a sentir en el cerebro el destello caliente que pondría fin a su miseria.

Los alemanes disparaban a cada uno, por turno, con una bala de rifle o de pistola en la parte posterior de la cabeza rapada, dejando un cuerpo desplomado más. Sobre la nieve, solo quedaba un manchón rojo brillante que no tardaba en volverse café.

Sentí que estaba atrapado en una pesadilla llena de gritos y horror, una de la que jamás podría despertarme. Todo ese día, una y otra vez, veía que alguien más de nuestro grupo empezaba a flaquear. A veces, algunos de los prisioneros más fuertes trataban de ayudarlos y sostenían a sus compañeros debilitados el tiempo suficiente para que recobraran un poco de energía o, simplemente, algo de voluntad para seguir con vida.

Prisioneros judíos en una marcha de la muerte del campo de concentración de Dachau cerca de Múnich, Alemania. Un valiente civil alemán tomó la fotografía en secreto en Grünwald, Alemania.
Foto: U.S. Holocaust Memorial Museum.

Sin embargo, una vez que a la persona se le acababan las energías, no solía haber manera alguna de salvarla. Ninguno de nosotros podía arriesgarse a quedarse atrás con algún rezagado condenado sin suerte. Solo significaría que morirían dos judíos en lugar de uno.

Una vez que alguno de los prisioneros salía del grupo, no pasaban más que pocos minutos antes de que se escuchara el sonido del disparo detrás de nosotros, haciendo eco entre los pinos y las píceas a nuestro alrededor. Cada que escuchaba un disparo, agachaba la cabeza un poco más y trataba de apresurar el paso.

El camino atravesaba pequeños pueblos agrícolas muy aislados en el campo polaco. Los aldeanos se quedaban viendo, insensibles a una escena que veían a diario, las interminables filas de inmundos prisioneros muertos de hambre de Auschwitz. Bien podrían estar mirando el ganado que llevaban al matadero.

Mientras seguí arrastrándome por el camino, me tropecé con una pequeña lata gris medio enterrada en el lodo congelado. Era una lata de carne de caballo, que algún descuidado soldado alemán dejó tirada en el camino. Me incliné, la tomé y la oculté en mi saco. Miré a mi alrededor como un ladrón para ver si algún guardia o prisionero me había visto.

No pude creer mi suerte. Era mía.

Todo el día llevé esa lata como si fuera una pepita de oro, tratando de pensar cómo demonios la abriría. No tenía un cuchillo ni un abrelatas, pero pensar en ella y sentirla en mi mano, oculta entre mi ropa, me hizo seguir adelante. Pude estar a punto de tropezarme, de caminar con más lentitud o de caer sobre mis rodillas, pero sabía que, si podía abrir esa lata de alguna u otra manera, quizá por la noche, cuando sin duda nos detendríamos, sería posible sobrevivir algunos kilómetros más; quizá un día más.

Esa noche, mis amigos caballerangos y yo nos guarecimos en un enorme establo, apretujándonos para calentarnos. Los nazis no nos dieron nada de comida; nada de pan, nada de sopa. Yo me aferré a mi lata de carne como si fuera un mendigo con su última moneda, incapaz de comérmela e incapaz de deshacerme de ella.

29

BAJO ATAQUE

DESPERTÉ A OTRO DÍA INVERNAL, gris y sombrío en Polonia. Los alemanes nos levantaron a gritos y a golpes, y volvieron a formarnos para reiniciar el maldito recorrido. Empezamos con casi mil prisioneros, pero ya solo quedábamos cerca de ochocientos o novecientos con vida. Mis pies estaban congelados y heridos por caminar a través del lodo, del hielo y de la nieve.

Cerca del final de la tarde, al fin llegamos a un apartadero ferroviario. Los alemanes nos obligaron a subir a vagones de carga sin techo, tan apretados como empaques de cuerpos humanos casi sin sustancia.

El tren contaba con cuatro vagones y poco más de doscientas personas dentro de cada uno. No teníamos tanto frío y estar apretados contra todos los demás nos daba al menos una ligera sensación de seguridad. Fue agonizante estar parado por horas sin poderme mover, con todos esos apestosos cuerpos apretándome casi hasta quitarme el aliento; pero todavía tenía pulso y seguía vivo, a diferencia de tantas de las personas que dejamos atrás sobre el camino. Y aún tenía la preciada lata de carne de caballo bajo mi camisa, la cual me ofrecía una minúscula chispa de esperanza.

En cada uno de los vagones iba un guardia alemán apostado al tope de la pared trasera con una ametralladora apuntada hacia nosotros. No había nada que pudiéramos hacer para rebelarnos o escapar, pero estos tipos no se estaban arriesgando en lo más mínimo.

El tren rodaba y se mecía con un incesante tamborileo. Empezó a difundirse el rumor de que nos estábamos dirigiendo al oeste. Uno de los prisioneros afirmó que podía determinarlo por la posición del sol, que estaba bajo y del lado izquierdo del vagón. Esto no nos hacía el más mínimo sentido. Los alemanes nos corrieron de Alemania e intentaron asesinarnos para que jamás volviéramos. ¿Por qué diablos, después de todo eso, nos estarían mandando de vuelta a Alemania?

Claro que no sabíamos que el Ejército Rojo había superado por completo a la *Wehrmacht* alemana al este, ni lo mal que le estaba yendo a Alemania en la guerra. No sabíamos que apenas diez días después de que nos fuimos, Auschwitz fue invadida por los rusos y que liberaron a algunos de los prisioneros más débiles y enfermos, considerados como demasiado débiles para marchar hacia el oeste. Se programó que los guardias de Auschwitz los fusilaran antes de la llegada de los rusos para que no revelaran aquellos horrores de las cámaras de gas, los crematorios y el más de un millón de judíos que allí murieron.

En el caos de la retirada de los alemanes, esos pocos prisioneros restantes sobrevivieron: los guardias nazis estaban demasiado ocupados tratando de salvar su propio pellejo como para molestarse en aniquilar a los pocos judíos muertos de hambre que quedaban. Y resultaba que esos judíos estaban recibiendo alimento, ropa y cuidados de parte de los rusos.

Nosotros no tuvimos esa misma suerte. No éramos más que sardinas enlatadas que se dirigían poco a poco al oeste, sin idea de lo que sería de nosotros.

Esa noche, el tren se detuvo en el apartadero de otro campo de concentración, Gross-Rosen, cerca de la frontera entre Alemania y lo que es Polonia en la actualidad. Entre la confusión de la retirada de los alemanes, nos enviaron a Gross-Rosen con la suposición de que nos descargarían y encerrarían allí, pero el comandante del campo se negó a aceptarnos. El campo ya estaba atestado, protestó. De modo que decidieron, según nos enteramos después, que nos quedáramos en los vagones para que nos enviaran todavía más al oeste a la mañana siguiente.

Para mí, fue una especie de retorcido regreso a casa. Después de tres años de estar detenido en Polonia, en el gueto de Łódź y en Auschwitz, me estaban enviando de regreso a Alemania.

No estoy seguro de cuánto tiempo pasamos sobre el tren. Estaba exhausto, entumido y casi inconsciente por el hambre y la sed. Entraba y salía de un intranquilo sueño; cabeceaba por el movimiento de los vagones y el retumbar de las ruedas sobre las vías.

Desperté al escuchar un extraño rugido pulsante que provenía del cielo. Los guardias alemanes al tope de los vagones se alteraron mucho y empezaron a disparar sus ametralladoras hacia arriba, dándose vuelta para hacerlo. Los cartuchos de bronce calientes de las ametralladoras comenzaron a llover sobre nuestras cabezas.

Me esforcé por ver lo que estaba pasando, pero no podía distinguir gran cosa por las altas paredes del vagón que se alzaban sobre mí. Había dos aviones muy veloces de un solo motor que daban vueltas sobre nosotros y que, al parecer, se estaban preparando para atacar. No tenía idea de a quién pertenecían los aviones ni de dónde venían. Había visto aviones alemanes con la esvástica, pero estas naves pintadas de verde olivo con una enorme insignia roja y blanca en círculo sobre sus alas y fuselajes me eran desconocidas. Ahora sé que eran cazabombarderos británicos, probablemente Hawker Typhoons.

Durante la totalidad de la guerra, desde que salí de Colonia, esta fue la primera vez que vi aviones estadounidenses o británicos. Fue el primer indicio para mí de que los Aliados habían invadido Europa y que cabía la posibilidad de que estuvieran ganando la guerra; que tenían el dominio suficiente sobre los cielos de Alemania; que existía alguna esperanza de que nos liberaran.

Pero antes de que eso pudiera suceder, estos aviones intentarían matarnos. Desde el aire, estoy seguro de que nuestro tren se veía como cualquier otro transporte de tropas. Los pilotos británicos no tenían manera de saber que estaba repleto de cientos de prisioneros inocentes, apiñados en los vagones abiertos; sin embargo, no cabía duda de que detectarían a los alemanes al tope de cada vagón, tirándoles sin cesar con sus ametralladoras para derribarlos.

Los aviones volaron sobre nosotros y, después, desaparecieron sobre el horizonte. Regresaron en posición de ataque, disparándole al tren de frente con sus cañones de 20 milímetros. Cientos de balas explosivas atravesaron al tren y a las personas en su interior.

Como fui de los primeros prisioneros que metieron, quedé apretujado cerca de la esquina frontal derecha, un poco protegido por la pared del vagón.

Los prisioneros de la parte de atrás no tuvieron la misma suerte.

Un proyectil de 20 milímetros es más o menos del mismo tamaño que un pulgar y viaja al doble de la velocidad del sonido. Al impactar, los proyectiles explotaban y destrozaban a las personas. Y debido a que estábamos tan comprimidos, un solo proyectil podía matar a muchos prisioneros. Un chico podía estar allí y, en un minuto, desaparecer en una explosión de sangre, huesos, tela y carne. Todo esto estaba sucediendo a escasos centímetros de mí.

El tirador alemán trepado sobre la pared posterior de mi vagón quedó aniquilado por una lluvia de balas. Se desplomó sobre su ametralladora como una vieja muñeca de trapo mientras su casco caía sobre los prisioneros y la sangre le salía a raudales de la cabeza.

Los cazas siguieron embistiéndonos, atacándonos de frente en un intento por hacer que explotara la caldera de la máquina para detener el tren y aniquilarnos a todos. Hasta donde sabían esos pilotos Aliados, estaban atacando un tren atestado de tropas alemanas que les dispararían a ellos, así como a sus camaradas británicos y estadounidenses durante el resto de la guerra.

Los aviones deben haber agotado su combustible o sus municiones, porque en un instante nos estaban atacando y, al siguiente, el ruido se detuvo y el tren siguió su camino.

La matanza de la parte de atrás del vagón fue horripilante. Parecía que había explotado una bomba en una carnicería. Docenas de prisioneros fenecieron y docenas más gemían y gritaban mientras morían de heridas terribles o simplemente se desangraban.

El tren solo siguió adelante, con la sangre escurriendo de los vagones sobre las vías. Si el tren se hubiera detenido o hubiera quedado deshabilitado, es casi seguro que los aviones hubieran acabado con nosotros.

A los alemanes ni siquiera se les ocurrió ofrecernos ayuda o atención médica; ni tampoco comida ni agua. Ni siquiera tuvieron la decencia de retirar a los muertos, la sangre y los trozos de personas de los vagones. El lúgubre y destartalado tren siguió su recorrido el resto del día y toda la noche; los vivos, los muertos y los agonizantes todavía estábamos apretados unos contra otros.

Intenté dormir, acurrucado sobre el sangriento piso del tren que se mecía y vibraba. En algún momento, solté mi lata de carne de caballo; se perdió en medio del caos. Cerré los ojos y traté de cubrirme las orejas con los brazos; lo que fuera con tal de apagar los gemidos y el horror antes de que alcanzaran mi cerebro, el sitio que alguna vez habitó un chico inocente de Colonia llamado Heinz Oster.

30

BUCHENWALD

El chirrido de las ruedas del tren sobre las vías me despertó con un sobresalto. Llevaba horas acurrucado en la misma posición y no tenía idea de si sería capaz de enderezarme de nuevo.

Los guardias alemanes que estaban afuera abrieron las herrumbrosas puertas y los sobrevivientes del tren empezaron a salir a trompicones, algunos cayéndose sobre la grava gris al lado del tren. Cuando el aire fresco alcanzó la esquina donde me encontraba, medio me arrastré, medio rodé sobre el piso de madera cubierto de sangre, orina y vómito hacia la puerta.

Traté de colgar mis piernas sobre la orilla de la puerta para detener mi caída, pero se negaron a responder. Dos de mis compañeros me tomaron por los hombros y me colocaron sobre el piso, pero de todas maneras no podía ponerme de pie.

Era como si hubiera dos enormes ligas entre mis nalgas y mis tobillos que estuvieran manteniendo mis piernas dobladas bajo una enorme presión. Los cólicos que empecé a sentir en mi estómago, vacío de comida durante días, eran tan intensos que pensé que quedaría retorcido para siempre. Horas después, seguía así, bamboleándome inclinado sobre mis rodillas como si fuera un hombre lisiado de 90 años.

A juzgar por el número de vagones del tren y de la fuerza con la que nos amontonaron, se estimó que deben haber metido a cerca de ochocientos prisioneros al tren después de la marcha de la muerte desde Auschwitz.

Solo cuatrocientos seguían con vida para cuando llegamos.

—Bienvenidos a Buchenwald —dijo uno de los prisioneros que estaba descargando el tren. Al igual que muchos otros prisioneros jóvenes, nos llevaron a lo que los reclusos llamaban el «Campo pequeño»: una de las partes más rudas y peligrosas del complejo.

Yo estaba incrédulo; me sacaron a patadas de Alemania para enviarme a Polonia y resultaba que me estaban arrojando de vuelta a la maldita nación olvidada de la mano de Dios en la que nací.

Tenía una extraña conexión con Buchenwald. A diferencia de los otros lugares terribles a los que me enviaron, sabía algo al respecto de este. Recordé que mi primo Walter me contó todo lo que sabía del sitio cuando estuvimos apelotonados en el minúsculo departamento de Colonia en 1939. Antes de que Walter se marchara del departamento para tratar de escapar de Alemania hacia Suiza por las montañas, nos contó que lo internaron en Buchenwald después de que lo capturaran el 9 de noviembre, la famosa Noche de los Cristales Rotos: *Kristallnacht*. Se encontraba entre el grupo de los casi 30 000 hombres judíos a los que apresaron esa noche; la redada de la que logró escapar mi padre por la relación que tenía con el portero del hotel. Los nazis incendiaron el departamento de Walter, de modo que saltó por la ventana para tratar de escapar, pero lo capturaron. Antes de que se diera cuenta de lo que estaba sucediendo, lo encerraron en Buchenwald.

A Walter lo pusieron a hacer trabajo forzado para expandir el campo, ampliarlo y tenerlo listo para todos los prisioneros que arribarían. En aquellos días, los nazis todavía no implementaban la «Solución final»; es decir, el exterminio sistemático de todos los judíos de Europa. Por allí de 1939, si pasabas cierto tiempo allí y no te mataban por las golpizas, los ahorcamientos, los fusilamientos o las enfermedades, te dejaban salir. Así que dejaron libre a mi primo Walter; o por lo menos tan libre como podía serlo un judío alemán en aquel entonces. Y fue a visitarnos a nuestro atestado departamento de Colonia en el 15 de la *Blumenthalstrasse*, donde los nazis nos obligaron a vivir.

Nos contó acerca de las atrocidades que vio en Buchenwald, de lo inimaginables que eran las condiciones en el campo y sobre lo despiadados que eran los alemanes. La liberación de muchos de los primeros prisioneros de los campos de concentración fue la manera en que la población alemana se enteró de lo que estaba sucediendo y por la que se atemorizaron demasiado como para querer ayudarnos. Fueron los prisioneros liberados de Buchenwald durante esa primera ola de represión quienes le contaron al mundo lo que estaba pasando. Aunque no es que el mundo les hubiera hecho mucho caso.

Lo que nos contó Walter acerca del campo, cuando era apenas un niño de 11 años en Colonia, me estaba sucediendo a mí. Después de todo lo que pasé, saber que me encontraba en el lugar que tanto me atemorizó cuando Walter nos contó de él lo hacía todavía más aterrador.

De origen, la intención era que Buchenwald fuera un campo para prisioneros políticos más que un campo como Birkenau, diseñado y construido tan solo para asesinar personas. Al principio, estuvo lleno de escritores, artistas, comunistas y cualquier otra persona que mostrara la más mínima resistencia en contra de los nazis. Estaba al tope de una montaña sobre la ciudad de Weimar, que en alguna ocasión fue la capital de Alemania en los tiempos de la República de Weimar. Al principio, se construyó con la idea de que fuera un lugar con un nivel razonable de urbanidad; no se suponía que fuera tan horrible como Birkenau o Treblinka. Pero para 1945, después de seis años de guerra y de los cientos de miles de prisioneros que vivieron y, principalmente, murieron ahí, las condiciones se habían deteriorado de manera tremenda.

No nos llevaron ahí para cumplir ningún tipo de función en particular; solo nos estaban almacenando hasta que muriéramos o nos mataran, para que no cayéramos en manos de los rusos que venían del este, y de los estadounidenses y británicos que venían del oeste. Allí hubo fábricas de municiones y de bayonetas, las cuales funcionaban gracias al trabajo forzado del campo, pero los aviones Aliados las derribaron en una serie de ataques a baja altura antes de mi llegada, a finales de enero de 1945.

No quedaba nada que hacer más que pasar hambre, esperar y morir.

Appel ***(pase de lista) en el campo de concentración de Buchenwald cerca de Weimar, Alemania. Foto: U.S. Holocaust Memorial Museum.***

31

SUSURROS EN LA NOCHE

DESPUÉS DE UN PAR DE SEMANAS, me hice amigo de alguien en Buchenwald. Se trataba de un chico adolescente que se llamaba Ivar Segalowitz, y que dormía junto a mí en nuestra plataforma de madera. Provenía de un pequeño pueblo germanohablante de Lituania y era algunos años más joven que yo. A veces, pasábamos la noche entera susurrando acerca de nuestra vida antes de la guerra, y de lo que tal vez haríamos si alguna vez salíamos de ahí. Mientras que todos a nuestro alrededor morían a causa de inanición o enfermedad, o se suicidaban, tener un amigo era la única manera en que podíamos distraernos de nuestra terrible existencia.

Después de todos los años en el gueto y en los campos, me había convertido en un pequeño hombre endurecido. No tenía a nadie que me ayudara más que a mí mismo, de modo que era todo un riesgo permitir que alguien atravesara mi frágil cascarón. Era difícil tener algún tipo de contacto significativo dentro de los campos. Al igual que los soldados que no quieren arriesgarse a entablar amistad con algún reemplazo reciente, lo mejor era no albergar muchos sentimientos por cualquier otro prisionero porque, de todos modos, lo más seguro era que moriría en algunos días o semanas. ¿Para qué invertir ese esfuerzo emocional? ¿Por qué arriesgar mi propia voluntad para seguir adelante?

En Auschwitz las cosas eran principalmente cuestión de sálvese quien pueda, pero aquí, por alguna razón, Ivar y yo nos permitimos el lujo de hacernos amigos cercanos. En todo caso, pensé, si Ivar o yo sobrevivíamos para recordar al otro, sería mejor que si los dos desaparecíamos de la faz de la tierra como les sucedió a tantos otros antes.

La educación y crianza de Ivar no fueron tan sólidas como las mías. Desde mi origen, formé parte de una familia alemana pudiente, y me criaron en una ciudad alemana grande y muy cosmopolita; incluso después de todos estos años de inanición y persecución, mantenía algunos restos de autoestima. Supongo que se podría decir que todavía me quedaba un poco de mi propia identidad, incluso después de 11 años en los que los nazis insistieron en que era una plaga subhumana.

Ivar no tuvo la misma fortuna. Provenía de una aldea de agricultores en un país menos sofisticado y más rural, y no tenía los mismos antecedentes educativos y culturales que yo. Así que su autovalía no era tan fuerte como la mía en esos días de desesperanza y hambre.

Si todo el mundo a tu alrededor parece odiarte año tras año, no es tan difícil creer que quizá tenga razón.

Ivar estaba seguro de que moriría; pasó por un verdadero infierno y vio a muchos que perdieron la razón y se dieron por vencidos. Se sentía cada vez más débil en términos emocionales a medida que las fuerzas abandonaban su cuerpo; apenas sobrevivió a un brote de fiebre tifoidea que estaba arrasando con el campo y matando a cientos de prisioneros. Estaba a punto de rendirse.

Yo hice mi máximo esfuerzo por lograr que siguiera adelante por otra hora, otro día y, quizá, otra semana más. Veía a Ivar como una especie de hermano menor y quiero creer que eso me ayudó a mí casi lo mismo que a él. Si estaba ocupado tratando de levantarle los ánimos, de convencerlo de que, al final, sí era posible que los dos sobreviviéramos a este desastre, tenía menos tiempo para pensar en mí mismo. Es bastante difícil perder las esperanzas mientras estás tratando de convencer a alguien más de que no haga lo mismo.

Debido a que éramos de los muy pocos chicos que estaban en el campo y que hablaban el alemán como lengua materna, tuvimos una conexión instantánea. Los otros chicos nos decían *yekkes*, judíos alemanes, y no de manera agradable ni cariñosa. Así que entre los dos formamos una pequeña pandilla, una minúscula fraternidad de dos.

Persistió en la marcha este pequeño par desafiante de muchachos judíos muertos de hambre, e hizo su minúsculo esfuerzo por sobrevivir en Buchenwald.

Con su enfermizo sentido de crueldad, los alemanes no podían tolerar que no estuvieran matando a alguien de cansancio por exceso de trabajo; de manera que de vez en cuando nos enviaban a Ivar y a mí, junto con el resto de los habitantes de nuestras barracas, a una cantera cercana.

No había trabajo de provecho que pudiera hacerse en ella. Los alemanes solo nos ordenaban que cargáramos piedras del fondo de la cantera al tope y, una vez que terminábamos de hacerlo, nos obligaban a cargar las piedras cuesta abajo de nuevo. Lo hacían con tal de castigarnos, solo para asegurarse de que siguiéramos haciendo trabajos forzados; porque si moríamos de agotamiento o de inanición, o a causa de algún accidente en la cantera, no tendrían que gastar una bala o provocarle pesadillas a algún pobre soldado alemán si se veía obligado a dispararnos.

Después de la guerra, se supo que una de las principales razones por las que los alemanes construyeron cámaras de gas en Birkenau, Treblinka y muchos otros campos de exterminio fue porque dispararles a hombres, mujeres y niños inocentes tenía un terrible efecto emocional sobre algunos de los soldados alemanes. Después de algunos meses de servir en un *Einsatzgruppen* (unidad móvil de matanza), donde bandas de soldados *Waffen* de la SS vagaban por el este de Europa disparándoles a prisioneros rusos, a gitanos y a judíos, y luego enterrándolos en enormes fosas comunes que estos civiles acababan de cavar para sí mismos, muchos de ellos quedaban destruidos psicológicamente. Asesinar a personas a diario puede ser casi tan destructivo para la salud emocional y mental como recibir disparos.

De vez en cuando, algunos de los otros prisioneros bajaban en grupo a la ciudad de Weimar para limpiar los daños provocados por las incursiones nocturnas de los bombarderos, que sucedían cada vez con mayor frecuencia al paso del tiempo. Ayudaban a recoger los escombros y a apilar los ladrillos junto a las calles para que pudiera iniciar la reconstrucción de los edificios. También recogían y enterraban los cadáveres de las bajas: ancianos, mujeres y niños, principalmente civiles, que habían muerto en los ataques de la noche anterior. Por supuesto, era un trabajo horripilante, sucio y agotador. No tienes que enterrar a muchos niños antes de que la experiencia empiece a destruirte el alma. Pero, por lo menos, les daba la oportunidad de buscar algo de comida adicional.

No sé por qué, pero nunca me tocó ir en ninguna de estas cuadrillas. Tal vez se debió a que los guardias sabían que hablaba alemán, cosa que me facilitaría escapar y perderme dentro de la ciudad. Y supongo que, por la misma razón, tampoco seleccionaban a mi amigo Ivar, de modo que cuando los otros muchachos bajaban a la ciudad, él y yo nos quedábamos atrapados en nuestra infernal barraca.

Aquellos muchachos que sí iban trataban de encontrar comida donde podían entre los edificios destrozados, pero simplemente no había en ningún lugar. A los civiles alemanes no les estaba yendo igual de mal que a nosotros, pero ya comenzaban a morir de hambre.

Había un escritor alemán encerrado en Buchenwald; un compañero que llevaba cuatro años allí, desde 1941. Se llamaba Georg, pero no recuerdo su apellido.

Lo trataban mucho mejor que a nosotros los judíos, razón por la que había sobrevivido tanto tiempo. Lo tenían encerrado allí a causa de sus ideas políticas; se consideraba que los presos políticos eran mucho más merecedores de un trato humanitario que los judíos. Era un hombre mayor, al final de sus cuarentas. Tenía una radio clandestina y algunos otros privilegios y conexiones con los líderes de la resistencia del campo que le permitían vagar solo adonde quisiera.

También tenía un amigo en la administración, lo que le permitía enterarse de lo que estaba sucediendo fuera de las rejas. Era uno de los pocos reclusos que sí tenía cierta idea de lo que se avecinaba.

A mí me habían matado de hambre, disparado y hecho trabajar estando al borde de la muerte durante todos estos años. Hasta el momento, había tenido suerte de sobrevivir, pero al igual que los de Ivar, mi cuerpo y mi voluntad de seguir vivo estaban casi acabados.

Vi al escritor en uno de los baños, que era uno de los pocos lugares donde podías hablar abiertamente con algún prisionero de otro bloque de barracas sin levantar sospechas. Supongo que la condición en la que me encontraba le era evidente a Georg. Había visto a infinidad de prisioneros llegar en los trenes y desaparecer por las chimeneas del crematorio.

—Aguanta —me dijo Georg allí en la pestilente letrina—. Pase lo que pase, aguanta.

—No sé lo que quieres decir con «aguanta» —le respondí.

—No te des por vencido —explicó. No podía decirme nada específico porque hubiera representado un enorme riesgo para él, pero escuchar ese pequeño asomo de aliento, después de verme desgastado y muerto de hambre por tanto tiempo, bien puede ser una de las razones por las que estoy aquí contando esta historia.

Debe haber sabido, a través de sus conexiones en el campo, lo que estaba pasando en el oeste. Debe haber sabido que el Tercer Ejército del general George Patton estaba corriendo hacia nosotros y que la *Wehrmacht* y la *Luftwaffe* alemanas se debilitaban cada vez más. A los alemanes se les estaban acabando el combustible, las balas y los hombres. Patton y sus tanques marchaban a toda velocidad hacia el corazón de Alemania y no había gran cosa que los superhombres alemanes pudieran hacer para detenerlos.

32

YACER CON LOS MUERTOS

LLEVABA POCO MÁS DE DOS MESES, febrero y marzo, en Buchenwald cuando la comida y el agua cesaron por completo. Fue como si los alemanes, tan pendientes de encerrarnos y exterminarnos, se hubieran olvidado por completo de que estábamos allí.

Había una sensación abrumadora de aprensión; una sensación de fatalidad. Ivar y yo estábamos atrapados en este lugar pestilente sin ninguna forma de sustento en absoluto. Si nos quedábamos allí, moriríamos. Si tratábamos de escapar, nos dispararían.

Cuando la comida dejó de llegar, la gente empezó a morir a nuestro alrededor.

Nuestra sección de Buchenwald, que antes había sido un infierno más o menos organizado, se estaba convirtiendo en una interminable escena de suciedad, muerte y desesperación.

Cuando alguien moría, los alemanes ni siquiera se preocupaban por retirar el cuerpo. Los cadáveres simplemente se acumulaban allí, en sus dormitorios, a veces por días. Los presos no teníamos la fuerza suficiente como para moverlos y los alemanes no nos lo permitían de todas maneras. Así que las barracas se convirtieron en estrambóticos mausoleos atestados de vivos que yacían junto a los muertos.

La solución de los malditos alemanes fue arrojar polvo de cloro sobre los cadáveres para evitar que se pudrieran por completo. Los sofocantes gases del cloro hacían que los que quedábamos vivos nos apretáramos en las literas superiores, lejos de la peste y la enfermedad. Todavía puedo sentir la quemazón del cloro en mis pulmones;

estaba allí todo el tiempo, día con día. Hasta el día de hoy, si voy a alguna alberca y me llega el aroma del cloro, regreso de inmediato a esas terribles barracas: al bloque 66.

Por las noches, nos encerraban. Si salíamos a tratar de jalar una o dos bocanadas de aire, los soldados nos disparaban, cosa que, ante la absoluta sensación de eternidad y desesperación, no parecía tan mala. Unos pasos afuera, en el limpio aire de la noche, una o dos detonaciones después, y sería el fin de todo mi dolor.

Logré encontrar una pequeñísima ventana muy arriba en el último piso de las literas donde podía inhalar algo de aire. La ventana tenía una pequeña vara de metal que podía usar para empujarla hasta que quedara abierta; Ivar y yo, junto con nuestros demás compañeros, nos turnábamos para respirar a través de la pequeña abertura con el fin de no sofocarnos. Era como si estuviéramos tomando algunos últimos respiros de aire antes de hundirnos con todo y nuestra nave.

Así continuamos durante diez días. Nada de comida y casi nada de agua. Después de otros cuantos días, perdí la poca fuerza que me quedaba. Mi estómago se encogió tanto nuevamente, como nudo, que ni siquiera podía enderezarme. Era un chico de 16 años que parecía un demacrado anciano de 100, hecho bolita sobre mi áspera litera de madera. No había ningún tipo de saneamiento en absoluto. Los cuerpos que se pudrían y toda la suciedad de los que seguíamos con vida hacían que fuera imposible vivir dentro de las barracas. Los cadáveres atraían moscas, gusanos y pulgas, pero no había nada que pudiéramos hacer más que esperar.

Vi a Georg una sola vez durante esos últimos días. «Ahora, más que nunca», me dijo, «debes tener el valor para seguir adelante».

Solo lo miré; era lo único que podía hacer.

—No te rindas —me dijo—. Pronto terminará.

Así que resistí.

33

UN TANQUE CON LA ESTRELLA DE DAVID

UNO O DOS DÍAS DESPUÉS de la última vez que hablé con Georg me encontraba acostado en mi litera, junto a Ivar, intentando no morirme de hambre. Me sentía tan debilitado que ya no podía moverme y, de cualquier manera, ya no había razón para hacerlo. Llevábamos más de diez días sin probar bocado.

A través de la red de rumores del campo, mensajes que corrían en susurros al pasar por la *Appelplatz* o en las letrinas, nos enteramos de que los alemanes estaban reuniendo a todos los prisioneros judíos para trasladarlos por trenes o en marchas de la muerte, o que los estaban sacando a los bosques para fusilarlos en un último y desesperado intento por silenciar a los testigos que quedaban. Nos sentíamos débiles, indefensos y aterrados; ya no teníamos fuerzas para movernos, mucho menos para huir o pelear. De modo que lo único que podíamos hacer era escondernos en las barracas, y hacer el máximo esfuerzo para pasar desapercibidos y seguir respirando.

Eran como las tres de la tarde del 11 de abril. Afuera de las barracas oímos algo que no habíamos escuchado antes: un rugido atronador que parecía estar acercándose.

Uno de los tipos que vivía en mis barracas, de los pocos que todavía podían mantenerse en pie durante algunos minutos, se levantó para mirar hacia afuera por una de las ventanas a la altura de los hombros. Después dijo, en una voz baja y desgarrada: «Creo que nos están liberando».

No le creímos.

A lo largo de los años de mi cautiverio, vi a tantas personas que terminaron enloqueciendo que me costó trabajo creer en lo que dijo. Jamás podías saber qué creer y qué no. Los prisioneros desvariaban y se volvían locos todo el tiempo; sin duda, para mí este era un reo más que había perdido la razón. Mañana podría ser yo. ¿Para qué esperanzarse?

Insistió con su voz rasposa:

—Si no me creen, vengan a verlo ustedes mismos.

«¿Qué diablos?», pensé. Junto con algunos de los demás hombres, me trasladé poco a poco hacia los vidrios rotos y sucios.

Pude ver que se acercaba un tanque, un monstruo gigantesco color verde olivo que avanzaba por el camino entre las barracas. Ya habíamos oído que los alemanes tenían órdenes de arrasar con los campos si había cualquier posibilidad de que los capturaran. Creíamos que jamás nos dejarían salir al mundo, que jamás nos permitirían contar nuestras historias. De modo que cuando primero vi los tanques, estuve convencido de que los alemanes habían llegado para volarnos en mil pedazos.

Pero allí donde esperaba ver la cruz negra y blanca de los alemanes, como en todos los demás tanques que había visto antes, había una enorme estrella judía de David pintarrajeada con gis en el costado de esta enorme y aterradora máquina.

«¿Por qué bromearían así los alemanes?», me pregunté.

Incluso en abril de 1945 no teníamos la más mínima idea de que Europa estaba invadida por los Aliados, que el Tercer Ejército de Estados Unidos estaba atravesando el oeste de Alemania a gran velocidad y que el país estaba a punto de verse derrotado. Excepto por esas pocas palabras de mi amigo Georg, que en realidad no me decían nada, no tenía idea de lo que estaba sucediendo en el mundo exterior.

Me sentía débil y mareado. De no ser por el quicio de la ventana contra el que estaba recargado, me habría derrumbado al piso.

«Yo también estoy alucinando», pensé.

El oficial que estaba montado al tope de la torreta del tanque llevaba puesto un uniforme color café verdoso que no me era conocido; los uniformes de la *Wehrmacht* o de la SS casi siempre eran grises o negros.

Pero, después, me di cuenta de que estaba gritando en yidis, algo que ningún oficial alemán haría jamás.

—*Ihr seit fray!* —gritaba una y otra vez—. ¡Son libres! *Wir sind hierher gekommen, um dich frei zu machen!* —exclamó mientras los prisioneros empezaban a despertar del estupor causado por su inanición—. ¡Estamos aquí para liberarlos!

Detrás de mí, empecé a oír murmullos y movimiento. Ivar se arrastró de nuestra litera como cadáver resucitado saliendo a rastras de su ataúd. Cualquier prisionero que todavía podía moverse empezó a caminar, a arrastrarse o a impulsarse por el piso de tierra, acercándose a las ventanas, cayendo por la puerta.

La noticia se difundió de litera en litera, de barraca en barraca. La gente se estaba muriendo a tal velocidad que no había forma de saber quiénes seguían con nosotros y quiénes no. Los vivos trataban de despertar a los muertos que estaban junto a ellos, ansiosos por contarles la noticia.

El mundo se volvió un impactante caos de desteñidas rayas azules y blancas. Los que pudimos caminar nos arrastramos hacia la luz del día, azorados de que no hubiera alemanes que nos dispararan, nos aporrearan o nos hicieran trabajar hasta morir. Los más fuertes ayudaban a los más débiles a incorporarse y a levantarse de sus plataformas para ir hacia la luz. Como reclusos en el pabellón de la muerte que llevaban años en la espera de su condena final, la idea de que estuviéramos libres de verdad era casi imposible de comprender.

Nos liberó el Tercer Ejército bajo las órdenes del general George Patton. Se acercaron al campo con tanques y algunos efectivos de infantería porque pensaron que quizá enfrentarían algo de resistencia de parte de los alemanes, pero cuando les fue evidente que todos los nazis habían huido, derribaron el alambre de púas y enviaron algunos de los tanques para darnos la noticia de que éramos libres.

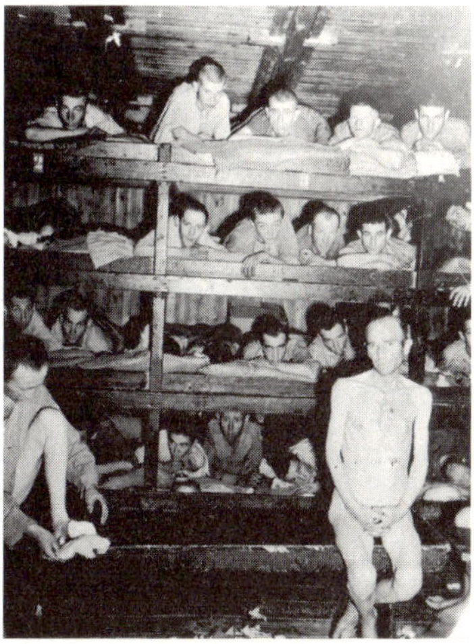

Prisioneros judíos liberados, campo de concentración de Buchenwald, abril de 1945.
Foto: U.S. Holocaust Memorial Museum.

34

TRAS LA CERCA DE BUCHENWALD

POCOS DÍAS ANTES DE LA LLEGADA de los estadounidenses, los rusos y otros prisioneros comunistas se hicieron del control de su sección de Buchenwald. Tenían reservas de armas escondidas a lo largo y ancho del campo.

Hubo un tenso enfrentamiento entre los comunistas, que tenían el control del campo dentro de la cerca de alambre de púas, y la SS y el *Oberführer* o comandante del campo de la SS, Hermann Pister, que era un hombre débil propenso a demorar sus decisiones, quien se dio cuenta de que el avance de la milicia estadounidense por Alemania hacía que la liberación de Buchenwald fuera solo cuestión de tiempo.

Los comunistas sabían que Heinrich Himmler, el jefe nazi de la SS, había dado órdenes de que se asesinara a todos los prisioneros y se destruyeran todos los campos, pero los reos comunistas tenían información secreta fidedigna de lo que estaba sucediendo en el exterior e hicieron todo lo que pudieron para retrasar a la SS y mantener a salvo a tantos reos judíos y a otros el mayor tiempo posible; en especial a los que éramos menores.

* * *

En este punto muerto con los alemanes, los líderes de los prisioneros del campo sabían que incluso con todo y sus reservas de armamento no podían enfrentarse a los 3 000 o más guardias de la SS si se detonaba una rebelión abierta; pero al negarse a reunirse cuando se los ordenaron los nazis, esperaban poder detener a la maquinaria de muerte nazi hasta que los Aliados llegaran al campo para liberarlo. Incluso, improvisaron un transmisor de radio y enviaron una serie de mensajes desesperados de auxilio en los que alentaban a los estadounidenses a que llegaran con la mayor celeridad que les fuera posible.

De todas maneras, mataron a muchísimos judíos durante esos últimos días. A través de la red de rumores del campo nos enteramos de que, cada tanto, los nazis ordenaban a grupos de judíos y otros a que se reportaran a la *Appelplatz,* para que, casi con toda probabilidad, los trasladaran en marchas de la muerte o para que los fusilaran en los bosques. El 7 de abril, solo cuatro días antes de la liberación, cargaron un tren de judíos a los que sacaron de Buchenwald para enviarlos al este, al campo de concentración de Dachau, cerca de Múnich. En ese tiempo, un enorme número de los judíos que estaban a bordo murieron de hambre, enfermos o ametrallados por los Aliados, como le sucedió a nuestro tren apenas algunos meses atrás.

En algún momento dado, los nazis, alertados por algún traidor dentro del campo, trataron de reunir a 46 de los líderes prisioneros más activos para llevárselos y fusilarlos, pero gracias a su excelente red de espías al interior del campo, la resistencia de los reclusos logró esconder a casi todos los de la lista bajo las barracas o en otros sitios, o bien, intercambiaron sus identidades con prisioneros que ya habían muerto, cosa que hizo casi imposible que la SS supiera quién era quién y a quién debían fusilar.

En otra ocasión durante esos días finales, se supo que iban a ejecutar a los pocos prisioneros ingleses y estadounidenses dentro del campo. Los ocultaron en madrigueras y escondrijos debajo de las barracas por todo el campo, y los demás reos les daban comida y agua cuando los nazis no los veían.

Como jóvenes judíos recientemente llegados a Buchenwald, mis compañeros adolescentes y yo no formamos parte de esto. Estábamos aislados en el campo pequeño, la peor y más resguardada parte del campo, y no teníamos idea de que estaba sucediendo todo esto.

Los líderes prisioneros no sabían si podían confiar en alguno de nosotros. Cuando la gente está tan desesperada por vivir, como lo estábamos nosotros, hace casi lo que sea por un mendrugo de pan, incluso delatar a sus compañeros reclusos. Éramos nuevos, estábamos debilitados y, para ese momento, en tan malas condiciones, que de todas maneras no habríamos servido de mucho para pelear. En mi esquina particular del campo, hacíamos todo lo posible por no llamar la atención, para parecer inexistentes; una habilidad que llevaba años perfeccionando en Auschwitz.

Víctimas del tren de la muerte de Dachau, que salió de Buchenwald con dirección al campo de concentración de Dachau, cerca de Múnich, Alemania, el 7 de abril de 1945, solo cuatro días antes de que el Tercer Ejército de EUA liberara el campo. Henry Oster se vio sometido a las mismas condiciones en un vagón parecido en su viaje de Auschwitz a Buchenwald. Foto: U.S. Department of Defense.

35

LA SS EN FUGA

UNOS DÍAS ANTES de la liberación del campo, a los alemanes se les ocurrió que quedarse en Buchenwald no sería lo mejor para su salud. Abandonaron sus puestos y trataron de escapar; algunos se quitaron sus uniformes y se vistieron de civiles en un intento por evitar a los soldados Aliados y a los reos enloquecidos de venganza.

El día de la liberación, algunos prisioneros de guerra rusos fueron en busca de los guardias de la SS en los bosques y pastizales al norte y también al sur, en dirección a la ciudad de Weimar. Fueron muchos los integrantes de la SS que no lograron sobrevivir. Los rusos estaban decididos a desquitarse. Los alemanes habían sido especialmente brutales en el frente oriental y los rusos no tenían intenciones de dejar que los alemanes se salieran con la suya sin consecuencia alguna.

Los rusos y los comunistas alemanes a los que también apresaron, atraparon a muchos guardias de la SS y los mataron a golpes y patadas. Más tarde nos enteramos de que algunos terminaron linchados por prisioneros en busca de venganza. Los colgaron de los árboles en los mismos sitios donde los encontraron.

Los primeros estadounidenses en entrar a Buchenwald encontraron el campo por accidente. La tripulación de un vehículo blindado del Tercer Ejército, que parecía un pequeño tanque con llantas, comandado por el capitán Frederic Keffer, haría el reconocimiento del terreno de campos y bosque al norte de Weimar. Detectaron a un grupo de guardias de la SS que se estaba fugando del campo, seguido de un montón de prisioneros rusos que intentaban atraparlos y matarlos. Los rusos le contaron al grupo de avanzada de los estadounidenses dónde se encontraba el campo y un par de ellos se subió al vehículo para guiarlos por la cerca de alambre y al interior del campo.

El Capitán Keffer y su asistente, el sargento técnico Herbert Gottshalk, un elemento judío del ejército, dejaron su vehículo blindado fuera del campo con otros dos soldados y entraron al conjunto por el norte a través de un hoyo que había en el alambre de púas.

Se encontraron con una escena de absoluto caos: miles de prisioneros estaban celebrando su salvación.

Según recuentos del capitán Keffer, algunos de los reclusos más fuertes agarraron a los estadounidenses de brazos y piernas y los arrojaron al aire una y otra vez en señal de júbilo. Al capitán Keffer lo lanzaron con tal fuerza que se mareó y tuvo que pedirles a los prisioneros que detuvieran sus enloquecidas muestras de libertad.

Yo no fui testigo de nada de esto: mis barracas estaban muy alejadas de donde estos dos soldados habían entrado, de modo que no nos enteramos sino hasta poco tiempo después, cuando un pequeño escuadrón de tanques estadounidenses derribó la cerca de alambre al sur del campo y entró a toda velocidad hasta la parte central.

36

LOS SANOS, LOS ENFERMOS Y LOS AGONIZANTES

ME ENCONTRABA ACOSTADO en el piso frente a nuestro bloque de barracas intentando comprender que de verdad todo había terminado. Estaba hecho bolita, paralizado por mi debilidad y los cólicos estomacales que acompañan a la inanición, pero seguía con vida.

La escena era abrumadora. Algunos prisioneros estaban delirantes; había gritos, llantos y alaridos por doquier.

Empezaron a aparecer más y más estadounidenses, que subieron hasta el campo en sus *jeeps* y camiones. No venían preparados para rescatar a decenas de miles de esqueletos muertos de hambre, de modo que trataron de darnos cualquier tipo de comida que les sobrara. Recuerdo que un soldado me dio un chicle. No tenía idea de lo que era; traté de comerlo, pero simplemente no se deshacía. No sabía qué hacer con él, así que, al final, me lo tragué.

Otro soldado me dio una lata de alguna especie de carne; supongo que debe haber sido Spam. Fue la cosa más deliciosa que había probado en la vida. Los estadounidenses empezaron a organizarse mejor para cuando empezó a oscurecer. Llegó el cuerpo médico y empezó el proceso de selección para separar a los prisioneros en tres grupos.

El primero consistía en los más sanos: aquellos que no necesitaban atención médica inmediata. El segundo grupo estaba compuesto de los hombres y niños que necesitaban ayuda de forma desesperada, principalmente alimento, agua y cuidados médicos, pero quienes probablemente sobrevivirían.

El tercer grupo era el de aquellos que se estaban muriendo. Aunque seguían con vida y eran libres, eso no significaba que vivirían al día siguiente. La difícil labor de los médicos consistía en decidir a quién podían salvar y a quién no.

Esa primera noche hubo provisiones muy escasas y un número limitado de personas para asistir los casos más graves. Muchos muchachos y hombres murieron antes de que la comida, el agua limpia y los medicamentos pudieran salvarlos.

De alguna manera, mi amigo Ivar, quien apenas podía pararse, fue uno de los elegidos para tratamiento. En ese momento, era lo que los alemanes del campo llamarían un *muuselman*, «musulmán» en yidis; su manera ignorante e intolerante para decir que estaba más allá de la salvación. Sin embargo, los estadounidenses no estuvieron de acuerdo y lo seleccionaron para darle tratamiento, seguramente por su talla y su edad.

Una vez que nos dividieron de acuerdo con nuestra condición física, los médicos y soldados separaron a los chicos de los adultos. Tenía sentido; los estadounidenses eran directamente responsables de todos los menores de edad, pero, por lo menos en teoría, los adultos tenían plena libertad de ir o venir como quisieran. También me pregunté si se consideraba que era una prioridad mantenernos con vida por la misma razón que los alemanes trataron de matar a la mayor cantidad de judíos jóvenes que les fue posible: porque representábamos a la siguiente generación de todo un pueblo.

Un oficial nos hizo caminar, de manera lenta y dolorosa, fuera del complejo rodeado por alambre de púas y al interior de los edificios de piedra donde se alojaban los guardias alemanes de la SS. El lugar estaba sucio y deteriorado, pero al tener calefacción y luz, a nosotros nos pareció un verdadero palacio. A la mayoría de los chicos se nos asignó una cama individual donde dormir.

Los guardias alemanes de la SS habían dormido en literas dobles, mientras que los soldados rasos dormían en literas triples. Yo tuve la enorme suerte de terminar en uno de los bloques para oficiales, en una de las literas dobles. Sería el primer colchón en que me recostaría desde que nos obligaron a abandonar nuestro departamento de Colonia en 1935. Diez años durmiendo sobre la madera, sin nada encima.

Por supuesto, todos teníamos un hambre infernal. Y, a medida que fuimos recuperando las fuerzas, empezamos a tener el valor de quejarnos con nuestros anfitriones, estadounidenses sobrealimentados que corrían por todas partes tratando de mantener el orden.

Esa primera noche, se negaron a darnos grandes raciones por temor a que la ingesta repentina y descontrolada de alimento superara a nuestros famélicos sistemas digestivos y nos hicieran más daño que bien. Esto nos pareció ridículo. Estábamos muertos de hambre y necesitábamos comida. Cada célula de mi cuerpo pedía a gritos pan, carne, papas y queso; lo que fuera que pudiera conseguir. No obstante, los médicos, calmados pero contundentes, nos dijeron que no. Nos explicaron que nos darían pequeñas cantidades, que aumentarían a diario, para asegurarse de que no muriéramos por el trauma de comer demasiado y muy pronto.

Estoy agradecido de que así lo hicieran. Los prisioneros que no tuvieron ese cuidado sufrieron: los hombres adultos a los que liberaron ese día estuvieron en plena libertad, aunque los estadounidenses intentaron mantenerlos reunidos en el campo para asegurarse de que no interfirieran de ninguna manera con el esfuerzo de guerra y para que ningún elemento del ejército o piloto los confundiera con tropas alemanas y los matara.

Algunos de estos internos eran prisioneros de guerra rusos. Estaban alojados en un subcampo separado, dividido del nuestro por alambre de púas. En términos generales, estos tipos estaban en mejores condiciones que nosotros. Por lo menos durante el tiempo en que yo estuve en Buchenwald, los nazis los trataron con cierto asomo de humanidad; sin embargo, al igual que nosotros, llevaban cerca de diez días sin comer.

Muchos de los rusos, de los comunistas alemanes y de los presos políticos ya habían huido del campo al momento en el que llegaron los estadounidenses, o lo hicieron poco tiempo después. Eran adultos, y nuestros aliados de la milicia estadounidense no tenían poder oficial en cuanto adónde podían ir o lo que podían hacer. Estaban vagando por toda el área, consiguiendo comida donde pudieran, principalmente del ganado que estaban «liberando» de las granjas locales.

Trajeron ovejas, vacas, cerdos y pollos de vuelta al campo, los sacrificaron y después los prepararon en una gigantesca comida dentro de la enorme cocina del campo. Comieron como animales, que era lo que todos nosotros queríamos hacer.

Los resultados fueron horripilantes. Cientos de ellos se vieron superados por el asalto de toda esa comida grasosa sobre sus sistemas. Sus estómagos, al igual que el mío, estaban encogidos a tal grado que casi no podían procesar ningún alimento. Si no comes por mucho tiempo, una cantidad grande de comida simplemente bloquea y abruma al cuerpo, lo que te produce un tremendo choque y, en el caso de mucha gente, la muerte. Y eso es lo que les sucedió a muchos de esos pobres y famélicos rusos y prisioneros mayores. Murieron de manera terrible y dolorosa, víctimas de su propia hambre animal. Sus cuerpos quedaron tendidos en la *Appelplatz,* algunos todavía vivos, muchos de ellos no, el mismo día en que los liberaron.

Sobreviviente de Buchenwald, 11 de abril de 1945.
Foto: U.S. Holocaust Memorial Museum.

Al volver a nuestra barraca de la SS, la tarde dio rápidamente lugar a la noche. Los chicos más sanos platicaban entre sí cuando las luces se prendieron y ya estaban empezando a comportarse un poco más como muchachos adolescentes.

A medida que empezó a disiparse la adrenalina de nuestra liberación, me sentí superado por la fatiga y la debilidad, y me quedé profundamente dormido.

Por primera vez en lo que se sintió como toda una vida, me pude dormir con la seguridad de que seguiría libre por la mañana.

37

BLANCO Y NEGRO

CUANDO DESPERTÉ A LA MAÑANA siguiente de nuestra liberación, me llevó algunos minutos darme cuenta de que este no era solo un sueño más, uno del que despertaría pronto para verme hundido de nuevo en la pesadilla que fue mi vida durante tantísimos años.

De verdad era cierto que estaba acostado en un colchón cálido y suave, completamente solo. Me desperté poco a poco por el ruido a mi alrededor, el de adolescentes que están despertando y levantándose de sus camas. Faltaba algo. No había alemanes que nos estuvieran gritando. No había nadie que nos ordenara que hiciéramos cualquier cosa; una experiencia muy extraña. Era como si hubiera quedado sordo durante el transcurso de la noche.

Seguía muy debilitado e increíblemente hambriento. Pero, al igual que todos los demás chicos, no tardé en arrastrarme hacia afuera a la *Appelplatz* para el pase de lista de la mañana. Fue por completo diferente a todos aquellos por los que pasamos antes. Por una sola vez, después de todas esas oscuras y sombrías mañanas y los años de temor constante de recibir alguna golpiza o algo peor cada segundo del día, nos estábamos formando de manera voluntaria.

Los médicos y soldados estadounidenses se estaban enfrentando a la impactante tarea de alimentar y proteger a los 21 000 prisioneros liberados de Buchenwald, de modo que estaban sucediendo muchísimas cosas frente a nuestros confundidos y esqueléticos rostros.

Al principio, nos fue muy difícil aprender a confiar en estos nuevos soldados después de los años de abuso de los alemanes de la SS, de los delincuentes alemanes y de los demás guardias del este de Europa. Los estadounidenses nos parecían extraños, como si hubieran aterrizado en paracaídas de algún otro planeta. Y, sin duda, ellos nos veían igual de extraños. Después de todo lo que atravesamos, la mayoría de nosotros no parecíamos humanos. Estábamos inmundos, muertos de hambre, cubiertos de harapos o desnudos, y hablábamos una mezcla de idiomas diferentes, ninguno de ellos inglés.

Distintos grupos de soldados, médicos y otros elementos de las fuerzas armadas de Estados Unidos llegaban a todas horas en *jeeps* y en enormes y estridentes camiones color verde olivo con grandes estrellas blancas de cinco puntas sobre sus costados.

Los primeros soldados estadounidenses a los que vimos el primer día, los que vinieron en los tanques Sherman y los primeros médicos, fueron blancos, pero las primeras tropas de a pie con las que nos topamos a la mañana siguiente eran estadounidenses negros. Yo jamás había visto a una persona negra antes, lo que me parece extraño decir ahora, pero así era. Más tarde me enteré de que las fuerzas de inteligencia norteamericanas descubrieron que los alemanes les tenían un temor irracional a los soldados negros de infantería porque los consideraban brutales «subhumanos», *Schwarz Soldaten*. Los estadounidenses amenazaron con soltar a estos soldados estadounidenses negros contra las tropas alemanas para intimidarlos y que se rindieran. Aún hicieron más, los estadounidenses soltaron volantes en los que mostraban a sus reclutas negros como salvajes sanguinarios, ansiosos por castrar a los pobres e indefensos soldados de la *Wehrmacht* en un esfuerzo por aterrar a los nazis y doblegarlos. Sin embargo, estos soldados negros a los que conocimos fueron algunas de las personas más agradables y generosas con las que nos encontramos.

Llegaron convoyes de tropas para ver los horrores del campo y para ayudarnos como pudieran. Algunos de estos camiones trasladaban a soldados blancos y otros a soldados negros. A pesar de eso, jamás vimos tropas blancas y negras juntas.

Los estadounidenses blancos estaban haciendo su mejor esfuerzo por mejorar nuestras condiciones, pero tuve la sensación de que algunos no querían acercarse demasiado a nosotros, involucrarse demasiado. Supongo que puedo entender la razón de ello; éramos personas apestosas, extrañas y desesperadas con quién sabe qué enfermedades. Un brote de fiebre tifoidea llevaba semanas propagándose por el campo y mi amigo Ivar apenas y la había soportado. Más tarde, me enteré de que se había instruido a las tropas estadounidenses a no fraternizar con la población local con la que se toparan a lo largo de la guerra con el fin de no enfermarse, de evitar filtraciones accidentales de información que pudiera serle de utilidad al enemigo y para evitar involucrarse a nivel emocional, lo que les impediría hacer su trabajo como soldados.

Pero los soldados negros fueron maravillosos con nosotros. Desde un inicio fue evidente que eran inherentemente más humanos en su trato con nosotros. Nos dieron toda la comida que pudieron encontrar y, después, salieron en busca de más.

Algunos de ellos sollozaban ante los horrores de los que eran testigos. Al igual que nosotros, se les consideraba seres inferiores, subhumanos, y se les segregaba y daba un trato de segunda dentro de su propio ejército, incluso al mismo tiempo que luchaban contra las fuerzas nazis cuya filosofía se basaba sobre la trágica idea de una supremacía racial.

Hubo una inmediata conexión entre nosotros, y ese sentimiento de empatía se ha mantenido arraigado en mí desde entonces.

38

EL PRIMER DESAYUNO

DESPUÉS DEL PASE DE LISTA, nos condujeron a un comedor improvisado para que tomáramos nuestra primera comida verdadera. Los médicos seguían teniendo cuidado acerca de con qué y con cuánto nos estaban alimentando, algo especialmente importante después de la noche anterior, en la que, en esencia, todos esos prisioneros mayores comieron hasta matarse.

A cada uno nos tocó una taza de leche, una pequeña rebanada de pan y un solo huevo duro. Gritamos, berreamos, lloramos y nos quejamos. Fue liberador en sí; tener la capacidad para quejarse con alguien sin temer terminar colgado de una soga o en una cuneta con un hoyo en la cabeza, pero sin que importara cuánto ruido hiciéramos, fue todo lo que recibimos de la cocina del campamento esa primera mañana.

Después de esa comida, como parte de nuestra valoración, todos nos formamos en fila para ver a un médico, que hizo su máximo esfuerzo por determinar nuestro estado de salud y registrarlo.

A causa de la inanición de tantísimos años, en realidad, jamás cursé la pubertad. Mi cuerpo no tuvo la fuerza adicional que necesitaba para experimentar los cambios sexuales por los que pasa la mayoría de los chicos normales cuando son mucho más jóvenes.

Ya tenía 16 años, pero tenía el cuerpo de un muchachito de 13, de un muy delgado chico de 13. Pesaba 35.4 kilogramos; más o menos lo que pesa un pastor alemán sano.

Sobrevivientes adolescentes. Campo de concentración de Buchenwald, abril de 1945. Foto: U.S. Holocaust Memorial Museum.

39

TEMOR A LA LIBERTAD

A MEDIDA QUE IBA RECUPERANDO MIS FUERZAS, al paso de los días, y que empezaba a acostumbrarme a la creencia de que quizá realmente tuviera un futuro, me di cuenta de que no estaba ni cerca de lo feliz que imaginé que estaría.

Estaba aterrado.

Después de muchos años de encarcelamiento, algunos convictos se percatan de que no saben qué hacer cuando los liberan de un momento para otro. Sus vidas habrán sido terribles en prisión, pero, al menos, dentro de ese ambiente controlado, sabían cuáles eran las reglas. Una fuerza externa se hacía cargo de sus necesidades; aunque dicha fuerza fuera brutal en extremo. Y si eso les sucede a los adultos hechos y derechos *cuando los mandan a prisión* por algo que, de hecho, hicieron en contra de la ley, imagina lo que estaba sucediendo dentro de mi cabeza.

Crecí en el gueto de Łódź, en Auschwitz y en Buchenwald. Aprender a sobrevivir un terrible día tras otro dentro de los campos de concentración era la única vida que conocía.

Por más terrible que parezca, Łódź, Auschwitz y Buchenwald fueron mi único hogar, y las pocas personas con las que formé vínculos eran entonces mi única familia.

Era libre, pero estaba completamente solo. Había miles de personas a mi alrededor, por supuesto, pero cuando miraba al futuro y cuando ese día, desde el campo, observé el mundo verde e infinito colina abajo, no tenía idea de lo que iba a hacer, ni de adónde iba a ir. No tenía idea de quién era.

Era un chico subdesarrollado de 16 años. Todas las personas e instituciones en las que alguna vez confié no pudieron ayudarme.

Los alemanes intentaron matarme en un sinfín de formas. Asesinaron a mi madre, a mi padre y, casi con toda seguridad, al resto de mi familia. Incluso recibí disparos de los pilotos Aliados que destrozaron a personas paradas junto a mí en ese vagón inundado de sangre de camino a Buchenwald.

Estos nuevos soldados y médicos estadounidenses, junto con los rabinos del Ejército de EUA y los trabajadores sociales de distintas organizaciones judías, parecían mejores que los alemanes a los que reemplazaron, pero ya me habían dicho miles de veces que las personas a cargo estaban de mi lado y que todo iba a salir bien. Algo que jamás fue cierto.

Estaba institucionalizado y, de alguna manera, confiaba en la idea de que me matarían de hambre, me maltratarían y me perseguirían. Incluso me habían despojado del infierno que conocí y que fue mi único mundo durante todo este tiempo.

No era el único que no sabía lo que le depararía el futuro. Los estadounidenses y sus aliados estaban luchando una guerra y tener que cuidar de decenas de miles de personas desamparadas a un mismo tiempo y de manera repentina no era algo que hubieran planeado. Al parecer, estaban haciendo el mejor trabajo posible dadas las circunstancias, pero yo sentía un temor constante de que sus buenas intenciones y su naturaleza bondadosa acabarían pronto, que se hartarían de mí y de todos los demás que estábamos allí, y que las cosas regresarían a ser como antes.

Ya había aprendido que nunca debía confiar en nada ni en nadie. Esa era una de las razones por las que todavía seguía vivo. Y solo porque llevaban uniformes diferentes, ¿se suponía que debía abrirme y confiar en este ejército, este país y estas personas que hablaban este extraño y nuevo idioma?

Estábamos en medio de Alemania, pero el pueblo alemán para nada se iba a hacer cargo de mí. Eran mis torturadores, mis enemigos mortales; y para ese momento, los estaban bombardeando, atacando y matando de hambre también.

No tenía educación, familia, dinero ni ropa propia. Ni siquiera tenía un país al que regresar. Ya me encontraba allí, *estaba* en mi país natal, y ese país había hecho todo lo que estaba en su poder por aniquilarme a mí y a todas las personas a las que jamás conocí.

Años después, me daría cuenta de que padecía estrés postraumático, pero en ese momento, lo único que sentía era un terror generalizado que me paralizaba el alma.

40

EL LARGO CAMINO

DURANTE ESOS PRIMEROS DÍAS, hubo un torbellino de actividad alrededor de Buchenwald. Había soldados por doquier; camiones y camiones con alimentos y suministros subían por la colina desde Weimar y se descargaban en la cocina. Jamás habíamos visto esas cantidades de comida: costales y costales de harina y azúcar, y botellas de aceite para cocinar. Enormes contenedores llenos de leche en filas y más filas.

En el campo, había un capellán judío estadounidense, el rabino Herschel Schacter, quien llegó ese primer día de la liberación, apenas unas horas después que los soldados iniciales. Hacía todo lo que podía para organizar los esfuerzos de ayuda y para establecer una sensación de normalidad y cordura para todos los judíos del campo. Se volvió una especie de intermediario entre nosotros y las autoridades militares estadounidenses porque podía hablar yidis.

Aunque de joven se me educó dentro de la fe judía, mis experiencias posteriores con los alemanes no hicieron nada por inculcarme ninguna creencia en algún poder superior. A través del rabí Schacter, los estadounidenses estaban haciendo lo que podían para ayudar a los pocos niños judíos que quedábamos a lidiar con nuestro trance y a recuperar algún pequeño sentido de normalidad y cultura. El rabino se paseaba por el campo repartiendo *matzo*, pan ácimo, porque la Pascua había terminado poco más de una semana antes de la liberación del campo.

Una vez que nos permitieron comer sin limitaciones, aprovechamos toda oportunidad para hacerlo. En apenas unos minutos, desaparecíamos la comida que le hubiera llevado una hora consumir a una persona normal. Recuerdo que no podía creer del todo que para el siguiente día todavía quedaría comida, aun cuando había más que suficiente. Me entrené tan bien en acumular cada mendrugo de comida que no podía detenerme; durante las comidas, metía panes y trozos de carne en mi ropa para asegurarme de que tuviera algo para más tarde esa misma noche. Guardaba la comida debajo de las cobijas de mi cama; todos lo hacíamos.

Eso me hacía sentir culpable. Todos estos años me condicionaron a sentirme avergonzado por hacer cualquier cosa que me beneficiara, que me ayudara a sobrevivir. Si estaba tomando algo para mí, lo estaba robando del *Reich*; de modo que siempre miraba a mis espaldas cuando lo hacía. Incluso en ese periodo, cuando los soldados estadounidenses estaban más que contentos de darnos lo que pudieran, yo seguía comportándome como si toda esta buena fortuna pudiera esfumarse, como si fuera a desaparecer en cualquier momento, como un sueño maravilloso del que sabes, en algún lugar de tu mente, que tendrás que despertar.

Los estadounidenses pensaban que la mejor manera para tratar a los peores casos de inanición y disentería era por medio de transfusiones de sangre a los prisioneros, algo que hicieron a escala masiva. Muchos de los mismos soldados que llegaron al campo, terminaron en una cama de hospital por algunos minutos para donar su sangre a fin de que los prisioneros menos afortunados pudieran vivir.

En el campo, había una epidemia de tifus que seguía activa cuando nos liberaron. Los estadounidenses fueron muy valientes al exponerse a la enfermedad y varios de ellos terminaron infectándose, pero, por fortuna, tenían excelentes suministros del nuevo medicamento de sulfa que podía curar la enfermedad, de modo que no los afectó de manera tan seria como a muchos de nosotros. Y, sin duda alguna, fueron justo esos medicamentos los que le salvaron la vida a Ivar.

La enfermedad tiende a afectar la memoria, de modo que por el resto de su vida a Ivar se le dificultó recordar esos días, incluso a pesar de que seguía en pleno uso de sus facultades mentales setenta años después.

El segundo día de nuestra liberación fue muy terrible para los estadounidenses que tanto se estaban esforzando en ayudarnos y compensarnos por la tragedia que sobrevivimos. Aunque la verdad es que no lo entendimos por completo, nos enteramos de que ese día, el 12 de abril de 1945, su líder y comandante supremo murió: se trataba de Franklin Delano Roosevelt, el presidente que llevó a Estados Unidos a la guerra y que condujo a su pueblo por ella.

Sin Franklin Delano Roosevelt y la campaña bélica estadounidense que creó y dirigió durante todos los años que estuve cautivo, jamás habría vivido para contar esta historia.

41

LOS BUENOS ALEMANES DE WEIMAR

DESPUÉS DE VER LOS HORRORES del campo cercano de Ohrdruf, liberado unos días antes, y, después de ver Buchenwald con sus propios ojos, el general Eisenhower decidió obligar a los civiles alemanes de los pueblos y ciudades cercanas, dentro de un radio de 43 km, a que fueran a ver lo que había creado su amado *Führer*, junto con sus hijos, maridos y hermanos.

Para el evento, estos alemanes, principalmente ciudadanos mayores y, en teoría, respetables, se vistieron con sus mejores ropas. Formaron una larga y serpenteante fila de casi 8.5 km de largo que se extendía desde las afueras de Weimar y que entraba y atravesaba la totalidad del campo. Este recorrido estaba diseñado para no dejar nada a la imaginación. Se les obligó a ver los montones apilados de cuerpos de personas que murieron de hambre junto al crematorio, y los huesos, quemados a medias, que todavía se encontraban dentro de los hornos. Vieron las terribles barracas en las que dormíamos, cinco en cada plataforma, durante todos esos años. Y los obligaron a respirar el aire de Buchenwald: la abrumadora peste a carne humana en descomposición y al ardiente polvo de cloro; el hedor de 21 000 hombres que comían, orinaban, defecaban y morían en el mismo espacio reducido.

Como llevábamos tantos años viviendo así, todos estábamos acostumbrados al hedor y al horror de lo que considerábamos vida; pero estos buenos alemanes, tan limpios y pulcros, con sus alegres sombreros y abrigos de lana, caminaban como figuras de cera, apenas capaces de comprender lo que estaban viendo.

Algunos de ellos lloraban y sollozaban de tristeza e incredulidad. Algunas de las mujeres se desmayaron ante la vista y peste de tanto horror, de tanta muerte en un mismo lugar.

Mientras los alemanes pasaban en su lenta y sombría procesión, se me ocurrió que hacía muchísimo tiempo, estos habríamos sido yo y mi familia. Mi madre y mi padre se hubieran sentido como en casa entre estas personas, con la misma ropa y caminando del mismo modo. Recordé que incluso después de todos estos años de golpizas y hambruna por ser judío, alguna vez no fui más que un alemán; igual que toda esta gente afectada y transida de culpa que estaba subiendo por la colina desde sus cómodos hogares y sus ordenadas y meticulosas vidas alemanas.

El Ejército de Estados Unidos les ordenó a los ciudadanos alemanes de Weimar, a unos cuántos kilómetros de Buchenwald, que atestiguaran las atrocidades y condiciones infrahumanas del campo. Vestidos en sus mejores ropas, se les acompañó por un espeluznante recorrido de las barracas, el patíbulo, los crematorios y los montones de cadáveres esqueléticos que la SS no logró incinerar.
Foto: U.S. Holocaust Memorial Museum.

42

LA INHUMACIÓN DE LOS MUERTOS

Al momento de la liberación del campo, había montones y montones de cuerpos que se dejaron apilados afuera de los crematorios para su incineración. Los alemanes huyeron antes de poder terminar el trabajo de deshacerse de estos cientos de víctimas. Los cuerpos que quedaron en las barracas y aquellos con los que dormimos también terminaron afuera, expuestos a la luz del sol.

En la actualidad, para muchas personas, las famosas imágenes de todos esos cuerpos esqueléticos y apilados fueron la faz pública de la liberación de Buchenwald.

Desde ese día, también habían muerto varios reos, incluyendo los que comieron hasta morir. Para entonces, todavía fallecían cerca de cuarenta prisioneros diariamente, a causa del tifus, de la disentería o de la simple inanición, aun cuando se estaba haciendo todo lo posible para salvarlos.

Tendieron a todos los cuerpos, fila tras fila, en un claro enorme. Algunos, que murieron cuando los alemanes seguían a cargo, estaban desnudos y expuestos a los elementos, porque los guardias e incluso los demás prisioneros, se habían llevado su ropa. Los muertos más recientes todavía llevaban puestos sus harapos: algunos iban vestidos con el uniforme azul y blanco a rayas de los prisioneros judíos de otros campos, como yo, mientras que otros llevaban ropa normal de civil, como los prisioneros de guerra o los presos políticos.

Resultaría imposible identificar a la mayoría de estos cuerpos, en especial porque muchos llevaban una semana o más de muertos y se estaban descomponiendo con velocidad, sus calaveras y huesos se asomaban por su piel a medida que se deshacía. También estaba el problema del tifus y de otras enfermedades; se tenía que hacer algo con todos esos cadáveres en descomposición lo más pronto posible. Así que lo único que quedó por hacer fue enterrarlos a todos en una gigantesca fosa común.

El ejército de EUA trajo sus buldóceres y cavaron una enorme trinchera en un campo cercano. Después, metieron a todos esos cadáveres en un enorme montón. No hubo otra manera de hacerlo, pero fue terrible.

Los estadounidenses juntaron a todos los prisioneros que quisieran asistir al servicio funerario que se organizó. Recuerdo el enorme montón de tierra frente a nosotros, donde descansarían para siempre todas esas personas que algún día estuvieron vivas y con las que alguna vez me formé para conseguir algún mendrugo a empujones.

El rabí Schacter leyó la versión del *Kaddish* para los funerales que se llevan a cabo junto a la tumba de un judío muerto. En esencia, la oración indica que, aunque murió la persona, en este caso cientos de personas, seguimos creyendo en Dios.

El **Kaddish** *que pronunció el rabí Schacter durante el servicio funerario que se llevó a cabo en Buchenwald. A su derecha, hay cinco chicos sentados en una banca, que están mirando hacia la multitud. El chico de en medio, con el cabello negro y la gorra militar alemana, es Henry Oster. Foto: U.S. Holocaust Memorial Museum.*

Estuvimos presentes y pronunciamos las palabras. Pero, para mí, simplemente no eran ciertas.

¿Cómo podía ser que un Dios, y más aún, un Dios judío, creara un mundo en el que todas estas personas, todos estos judíos, incluidos mi madre, mi padre y los 16 miembros de mi familia, fueran denigrados y asesinados frente a los ojos del mundo entero?

¿Cómo era posible que un Dios quisiera hacerme pasar por todas las cosas que sobreviví para después dejarme solo en el mundo: sin familia, ni educación, ni dinero, ni hogar, ni patria?

Estaba vivo y eso era todo. La verdad, no veía gran cosa que pudiera agradecerle a Dios. Si había alguien a quien agradecer por mi supervivencia después de todos esos años de angustia y hambre, era a mí. Solo este pequeño tipo envejecido, de apenas 16 años, Heinz Adolf Oster.

Más tarde, me enteré de que de todos los niños judíos de origen alemán que desaparecieron en los campos de concentración durante la guerra, de los cientos de miles de jóvenes judíos de Alemania y otros países de habla alemana, yo pertenecía a un club exclusivo.

Estos judíos germanoparlantes eran predominantemente alemanes o austriacos, claro está, con quizá algunos checos o lituanos entre ellos, y se les capturó durante los primeros años del *Reich*, cuando los alemanes iniciaron su campaña de aniquilación. Esto significaba que, de todos los judíos de los campos, los germanoparlantes, en general, llevaban más tiempo dentro de estos, por lo que tenían muchas menos probabilidades de sobrevivir.

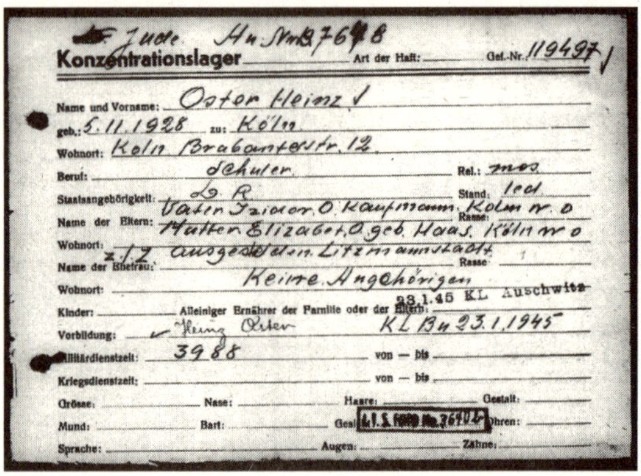
Jude Hu. Nr. B 7648
Konzentrationslager Art der Haft: Gef.-Nr. 119497
Name und Vorname: Oster Heinz
geb.: 5.11.1928 zu: Köln
Wohnort: Köln Brabanterstr. 12
Beruf: Schuler Rel.: mos.
Staatsangehörigkeit: D.R. Stand: led.
Name der Eltern: Vater Isidor O. Kaufmann, Köln ... Mutter Elizabeth O. geb. Haas, Köln ...
Wohnort: z. Z. ausgesiedelt n. Litzmannstadt
Name der Ehefrau: Rasse:
Wohnort: Keine Angehörigen
Kinder: Alleiniger Ernährer der Familie oder der Eltern: 23.1.45 KL Auschwitz
Vorbildung: Heinz Oster KL Bu 23.1.1945
Militärdienstzeit: 3988 von — bis
Kriegsdienstzeit: von — bis
Grösse: Nase: Haare: Gestalt:
Mund: Bart: Gesicht: Ohren:
Sprache: Augen: Zähne:

*Tarjeta del registro alemán de la SS de Henry (Heinz) Oster, recuperada por los Aliados de los archivos del campo de concentración (*Konzentrationslager*) de Buchenwald. Detalla su fecha de nacimiento (5 de noviembre de 1928), su dirección (*Brabanterstrasse *12,* Koln *[Colonia]), los nombres de sus padres (Isidor y Elisabeth Oster), su detención en Łódź (que los alemanes llamaban *Litzmannstadt*), su detención en Auschwitz y su fecha de llegada a Buchenwald (23/1/1945). También muestra sus dos números de identificación: el número del lado superior derecho, el 119497, era su número de prisionero y que se mostraba sobre el saco de su uniforme azul y blanco a rayas. El número escrito a mano en el margen superior, B7648, es el que le tatuaron en el brazo izquierdo. Documento: United States Holocaust Memorial Museum.*

Me han dicho que de todos esos miles de chicos alemanes judíos a los que obligaron a ingresar al sistema de los campos, apenas 18 sobrevivieron. Ni siquiera los suficientes como para llenar un salón de clases.

Poco después de nuestra liberación, los trabajadores de la Cruz Roja Internacional llegaron para entrevistarnos a cada uno de nosotros en un intento por comprender y registrar quiénes éramos, de dónde veníamos y si aún teníamos algún miembro vivo de nuestra familia.

Recuerdo estar sentado en mi litera, en el anterior dormitorio de la SS, respondiendo pregunta tras pregunta en yidis mientras mi entrevistador escribía las respuestas en su tablilla. Todavía cuento con el reporte que elaboró ese día. Suena extraño, pero me hizo sentir bien que asentaran mi vida en papel; como si solo por un momento hubiera dejado de ser humano y me encontrara regresando a la tierra de los vivos.

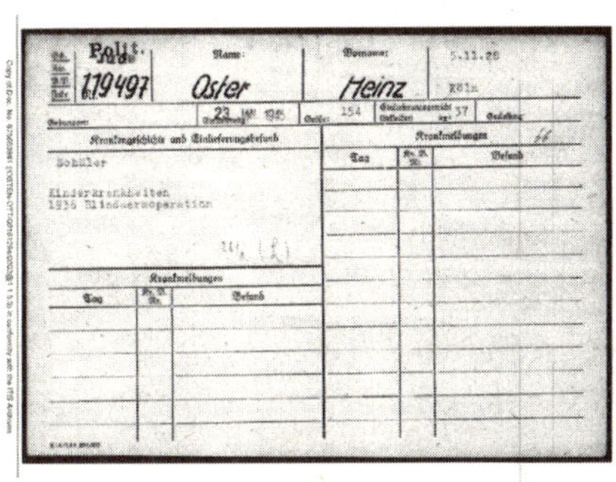

119497 Oster Heinz

Tarjeta de identidad médica de Henry (Heinz) Oster, liberada del campo de concentración de Buchenwald. Muestra que fue prisionero político **(Polit. Jude)**, *porque era judío, a pesar de que apenas tenía 12 años cuando lo apresaron. Tenía la cicatriz de una apendectomía* **(Blinddarmoperation)** *de 1936, que lo identificaba. Cuando lo evaluó la SS en Buchenwald a los 16 años, apenas medía 1.54 m de estatura y pesaba solo 37 kg. Para cuando lo liberó el Tercer Ejército de EUA, su peso había bajado a 35.4 kg. Documento: United States Holocaust Memorial Museum.*

43

LOS CHICOS DE LOS DORMITORIOS

POCO A POCO, A MEDIDA que empezó a crecer nuestra fuerza y sensación de seguridad durante aquellos primeros días de libertad, empezamos a volvernos fastidiosos, como solo lo pueden ser los chicos adolescentes. Para ese momento, éramos una pandilla bastante salvaje de jóvenes. No teníamos concepto alguno de decoro ni de modales. Éramos como una jauría de chicos perdidos criados por lobos, lobos muy siniestros, que regresaban de manera repentina a la sociedad humana. Algunos psicólogos que nos estudiaron más tarde opinaron que quizás estuviéramos más allá de la salvación; que cabía la posibilidad de que estuviéramos tan destruidos y dañados, en términos emocionales, que nos convertiríamos en psicópatas, sin conexión alguna con la sociedad y sin sentimientos por nadie más que por nosotros mismos.

Resulta difícil espantar a un chico después de que se enfrenta a la inanición, la enfermedad, la brutalidad y, en mi caso, a un pelotón de fusilamiento equipado con ametralladoras. Nosotros éramos los fuertes, los que sobrevivimos. Cualquiera más débil que nosotros simple y sencillamente no lo había logrado, de modo que cuando nos juntaron a todos y nos llenaron de buena comida militar, empezamos a convertirnos en toda una banda de chicos enloquecidos por la testosterona.

Si algo no nos gustaba, protestábamos a gritos. Cuando no nos embutíamos la boca de comida, la escondíamos por todo el campo. Con toda esta nueva cantidad de nutrientes que fluían en nuestro interior, nuestras hormonas empezaron a manifestarse de maneras sorprendentes. Yo estaba pasando de ser un niño a un hombre a pasos agigantados, gracias a que mi sistema contaba con calorías de sobra para lograrlo.

Y no era el único. Cada mañana, en los dormitorios, casi todos los muchachos se despertaban con una orgullosa y enorme erección, listos para comenzar un nuevo día. Llevábamos años amontonados; cinco por repisa de madera en las barracas. Habíamos estado desnudos juntos, de vez en cuando, desde que teníamos recuerdo. Durante cinco años, por todas partes a nuestro alrededor, vimos a hombres desnudos, tanto vivos como muertos, de modo que ya no sentíamos ninguna vergüenza ni pena los unos con los otros.

Inventamos nuestro propio juego. Mientras corríamos de un lado al otro durante las mañanas, cada uno con nuestro soberbio pito circuncidado, decidimos determinar cuál era el más fuerte de todos.

Uno por uno, tomábamos una pequeña cubeta y tratábamos de sostenerla solo por medio de nuestras feroces erecciones. Para hacer las cosas un poco más difíciles, porque la verdad era que una cubetita vacía no representaba gran desafío, empezamos a llenarla con agua. El niño que pudiera aguantar la cubeta por más tiempo, mientras la llenábamos con más y más agua, era el campeón de la mañana.

¿Y a mí cómo me fue en esta estrafalaria competencia? Digamos que tuve mis momentos.

La SS y los pastores alemanes se habían marchado, pero eso no significaba que la vida en las barracas no siguiera siendo peligrosa. Estábamos atrapados en medio de una zona de guerra con soldados rudos y curtidos, y toda serie de armas letales por dondequiera que mirábamos. Y de la misma manera en que yo y mis amigos de Colonia pasábamos el tiempo buscando trozos de metralla después de los ataques aéreos, todos tendíamos a meter las narices en lo que fuera que nos pareciera genial, varonil y peligroso.

No éramos los únicos judíos del lugar interesados en las armas. Más o menos una semana después de nuestra liberación, se apareció un pequeño grupo de jóvenes judíos muy serios que nos hablaron en yidis. Estos tipos estaban fuertes y sanos; era evidente que no pasaron tiempo alguno en los campos de concentración. Eran bastante sigilosos, pero no dejaban de preguntarnos dónde podían encontrar armas de fuego, municiones o armamento de cualquier otro tipo. Tiempo después nos enteramos de que estos tipos eran judíos palestinos, miembros de la Haganá, los inicios de la fuerza guerrillera de Israel, que estaba reuniendo armas de todas partes de Europa para librar la batalla que sabían que se vendría ante la fundación de Israel en Palestina.

Nosotros no teníamos armas de fuego, pero de todas maneras no faltaban formas de lastimarse. Recuerdo a un pobre chico de Viena, uno de los pocos muchachos que hablaban alemán, que logró conseguir una bengala alemana de quién sabe dónde dentro del campo. Sabía que dentro llevaba un pequeño paracaídas, diseñado para que la bengala flotara después de haber sido disparada. Todos habíamos visto estas bengalas en acción cuando iluminaban Auschwitz o Buchenwald siempre que había alguna fuga u otra conmoción durante la noche.

El punto es que el chico empezó a juguetear con el objeto, sentado en su litera, tratando de ver cómo desarmarla. Puso uno de los extremos contra su cuerpo mientras batallaba con ella y se disparó directo al estómago. Murió al instante; la explosión esparció sus intestinos por toda la habitación.

Todo por un pequeño paracaídas.

44

UN VIAJE MÁS EN TREN

DESPUÉS DE CASI UN MES Y MEDIO de creciente aburrimiento, dando vueltas por Buchenwald sin una clara idea de lo que sería de nosotros, la *Oeuvre de Secours aux Enfants* (Sociedad de Ayuda para los Niños) u OSE, una organización judía internacional, asumió la responsabilidad de nuestro cuidado y se preparó para transportarnos a los diferentes países dispuestos a darnos asilo, por lo menos de manera temporal.

Nos vimos obligados a permanecer en Buchenwald por diversas razones. En primer lugar, la guerra todavía no terminaba, aunque el combate se estaba concentrando cada vez más al este a medida que los estadounidenses y los británicos cerraban la brecha restante hasta Berlín y en dirección al ejército ruso, que se apresuraba hacia occidente para reunirse con ellos. Y, en segundo lugar… la verdad es que los Aliados no sabían qué hacer con nosotros.

La mayoría de los que quedábamos no teníamos familia, hogar ni nación a los que regresar. Nos tendrían que alojar, alimentar y educar, además de ayudarnos a encontrar un sitio en algún lugar de un mundo que llevaba seis años destrozado por la guerra. Y eso sin mencionar el hecho de que había cientos de miles de refugiados de guerra, a los que los estadounidenses llamaban PD, personas desplazadas, que seguían esperando en diversos campos en toda Europa, alejados de sus hogares y, a menudo de sus países, por la destrucción ocasionada por este enloquecido y generalizado conflicto.

En ese momento, había aproximadamente un total de mil jóvenes judíos huérfanos que habitaban en el campo, ya que Buchenwald se convirtió en un sitio de reunión para los chicos judíos de otros campos a lo largo de Polonia y Alemania.

Suiza se ofreció a recibir a 280 de nosotros, Inglaterra aceptó a 250 y Francia, a los 427 restantes. El rabí Schacter acompañaría a la comitiva que viajaría a Suiza, y otro capellán estadounidense, el rabí Robert Marcus, se encargaría de nosotros en el viaje a Francia.

Una bella mañana a principios de junio, nos dijeron que nos marcharíamos de Buchenwald para siempre. Nos subiríamos a un tren que nos llevaría hacia el oeste.

Empaqué mis pocas pertenencias: un cambio de ropa y algunas otras cositas, pequeños recuerdos que había recogido en Buchenwald desde nuestra liberación.

Una vez más, me subieron a un tren con el resto de mis compañeros huérfanos judíos. No tenía idea de adónde íbamos ni en dónde terminaríamos; tampoco sabía si las cosas serían mejores o peores.

Después de todos estos años de que nos llevaran y trajeran como ovejas de lugares malos a lugares todavía peores, desarrollé un intenso temor a lo desconocido. Mi instinto era quedarme donde estaba, si era humanamente posible, porque ignoraba a qué tendría que enfrentarme en otro lugar. Sería necesario lidiar con nuevos rostros, nuevas personas, un nuevo país y otro idioma nuevo.

Al fin me sentía más o menos a salvo en Buchenwald por primera vez en años y no quería irme. Sin embargo, no tuve opción; ninguno de nosotros la tenía. La OSE iba a cerrar lo que se convirtió en nuestro pequeño refugio en Buchenwald y los rusos se iban a ocupar del campo. Buchenwald se encontraba en lo que se estaba convirtiendo en Alemania Oriental, bajo la autoridad de los rusos, y nuestros cuidadores de la OSE sabían que estaríamos mucho mejor en occidente, en cualquier lugar del Oeste que en el impredecible Este, dominado por los soviéticos.

Estas personas de la OSE, en su mayoría jóvenes hombres y mujeres judíos, estaban tratando de ayudarnos y de cuidar de nosotros. Al parecer, estaban obrando en nuestro beneficio. Algunos de los chicos estaban felices por esta nueva travesía o, por lo menos, estaban poniendo su mejor cara; nadie quería parecer atemorizado frente a sus camaradas varoniles y más competitivos. Sin embargo, sin importar lo mucho que los de la OSE me reiteraran que todo estaría bien, me subí al tren como un gato que se sube a un barco que se hundirá; estaba aterrado.

Un tren se llevó a mi familia a Łódź, un tren nos llevó a mi madre y a mí a Auschwitz y un tren me llevó a Buchenwald. Era el único que quedaba de mi familia. Y podrán decirme que estaba loco, pero no me emocionaba subirme a otro maldito tren.

Mi nueva vida, esta aterradora y por completo desconocida vida que se extendía frente a mí, me esperaba al otro extremo del recorrido en tren. Mi vida anterior, la vida del niño que perdió casi todo lo que puede perder un ser humano, estaba llegando a su fin.

Al salir del apartadero ferroviario de Buchenwald, el mismo al que llegué casi muerto apenas algunos meses antes, traté de echar un último vistazo al lugar para despedirme de él en mi propia confusa y tergiversada manera.

Lo que pude ver, mientras estiraba mi cuello hacia las crueles torres de vigilancia y el lodo y el alambre de púas de Buchenwald, fue algo por completo distinto. De repente, me percaté de que lo que estaba mirando era el fin del chico golpeado, muerto de hambre y perseguido que fui durante tantos años. Era el fin del hedor, del hambre y del horror.

Había muerto de diversas maneras, pero la mente y el cuerpo de quien algún día se llamó Heinz Oster seguían operando; seguía pensando dentro de mi cabeza, seguía latiendo dentro de mi corazón y seguía respirando dentro de mi pecho. Me di cuenta, al grado al que podía hacerlo un muchacho de 16 años, de que aunque los nazis habían abusado de mi cuerpo, jamás había renunciado a mí mismo por completo: a mi humanidad, a mi nombre y a mi alma. Seguía siendo yo. Seguía siendo Heinz Adolf Oster.

Adiós a Buchenwald. Los chicos sobrevivientes salieron de la reja de hierro en un grupo ordenado, como tantas veces antes bajo el mando de los alemanes. Sin embargo, en esta ocasión se dirigían a Francia y a la libertad. Foto: U.S. Holocaust Memorial Museum.

45

EL TRAYECTO DE VUELTA A LA VIDA

A MEDIDA QUE EL TREN ACELERABA en su rápida carrera a través de la devastada campiña alemana, empecé a deshacerme de mis miedos. Empecé a anticipar mi nueva vida, aunque no tenía idea de cómo sería.

Había más que comida suficiente, mucha de ella la recibíamos de los soldados estadounidenses mientras nos preparábamos a abandonar el campo. A cada uno se nos dio una canasta con provisiones que bastarían para el viaje en tren.

Recuerdo que a algunos de los muchachos les dieron galletas; enormes canastas de galletas. Los soldados supusieron que, como cualquier otro grupo de chicos civilizados, las compartiríamos entre nosotros. Sin embargo, compartir era algo que nos enseñamos a no hacer en los campos al paso de los años. Si tenías algo de comida en tus manos, te quedabas con ella o, si acaso, la compartías con tus familiares o amigos más cercanos. Cuando no sabes si te van a alimentar el día de mañana, cualquier alimento que recibes es la cosa más preciada sobre la tierra.

Teníamos que aprender a compartir de nuevo. Teníamos que terminar de darnos cuenta de que de verdad habría suficiente comida para mañana y que, si regalabas parte de la tuya un día, lo más probable era que alguien más te compartiera de la suya al día siguiente.

A causa de la escasez de ropa adecuada para niños pequeños, a algunos de nosotros nos dieron uniformes descartados de las juventudes hitlerianas sin insignias que la OSE logró conseguir de algún sitio de la Alemania ocupada. Sin lugar a duda, éramos un tren de aspecto muy extraño: jóvenes escandalosos y rebeldes que, al parecer, estaban tomándose unas vacaciones en la campiña, todos vestidos con los detestados uniformes de los nazis.

El tren ya se había convertido en una especie de teatro rodante. Viajábamos a través de una Alemania abatida y derrotada y, después de todos nuestros años de cautiverio y miseria, al fin estábamos libres. Si cabía la posibilidad de nombrar a un ganador en todo este desastre, por primera vez en años, nos sentíamos un poco más como ganadores que como perdedores.

Algunos de los muchachos garabatearon mensajes en gis sobre los costados de los vagones del tren. Poco a poco, todos nos estábamos percatando de que las probabilidades de volver a ver a nuestras familias eran casi inexistentes; sin embargo, eso no calmaba la furia que muchos sentíamos en contra de los alemanes y, en términos más amplios, contra el mundo. ¿Cómo era posible que un mundo que se hacía llamar civilizado permitiera lo que nos sucedió a nosotros, a nuestros hermanos y hermanas, y a nuestros padres y madres?

Un muchacho, un polaco de Łódź llamado Joe Dziubak, escribió una triste pregunta sobre el costado de su vagón: «¿Dónde están nuestros padres?», preguntaba en alemán mal escrito. Cientos de alemanes que miraron nuestro tren mientras se abría paso hacia Francia se vieron obligados a responder a esa pregunta dentro de sus cabezas.

En un sentido amplio, por supuesto, la pregunta era mucho más sencilla: «¿Qué hiciste, Alemania? ¿Qué hiciste?».

Joe Dziubak escribe una inquietante pregunta dirigida al pueblo alemán sobre el tren que salió de Buchenwald. «¿Dónde están nuestros padres?». Foto: U.S. Holocaust Memorial Museum.

Otros chicos escribieron mensajes burlescos: «Hitler *Kaput*» fue uno de los más populares. Algunos se bajaban con el tren aún en marcha y cortaban ramas de árboles cuando el tren se detenía. Las agitaban y le gritaban a quien hiciera caso mientras traqueteábamos a través del país.

El trayecto fue muy lento. Al operador y al maquinista del tren les dijeron que se detuvieran y nos dejaran disfrutar en libertad por el campo siempre que lo deseáramos y nosotros queríamos detenernos a correr cada que podíamos. Estábamos redescubriéndolo todo. Sintiendo todo por primera vez de nuevo. Yo sentí el pasto mojado entre mis dedos, inhalé el aire fresco y sentí la brisa sobre mi piel. Me tomé un momento para mirar hacia las nubes que avanzaban veloces por el cielo. Estar allí, solo, se sintió como si corriera a través de praderas de libertad pura.

Sobre el tren de Buchenwald a Écouis, Francia.
Foto: U.S. Holocaust Memorial Museum.

Algunos de los chicos aprovecharon la oportunidad para «liberar» lo que fuera que encontraran. Había una poderosa sensación de que, de alguna manera, nos merecíamos todo lo que se nos negó por tantísimos años. Los chicos regresaban al tren con toda serie de tesoros: comida, principalmente, pero en esencia cualquier cosa que estuviera a la mano. Recuerdo que uno de los muchachos húngaros logró encontrar un violín, sin duda robado de alguna casa alemana vacía, y se dedicó a tocarlo por horas mientras el tren seguía su trayecto.

Para el mundo exterior, todos nos veíamos básicamente iguales: chicos muertos de hambre y maltratados con cabezas rapadas y uniformes curiosos. Sin embargo, para nosotros, las diferencias eran enormes. Proveníamos de distintos países y hablábamos diferentes idiomas. La mayoría eran chicos polacos que hablaban yidis y polaco, mientras que los húngaros solo hablaban su idioma. Y todos estábamos emocionalmente exhaustos. No teníamos concepto alguno de lo que sentían los demás ni de cómo comportarnos dentro de una sociedad funcional. Nos sentíamos acosados, sospechosos y paranoicos.

Incluso con toda esta nueva alegría y libertad, había muchas peleas internas, en especial entre los polacos y los húngaros. No sabían cómo comunicarse entre sí y, como en el campo aprendimos a llevarnos lo que pudiéramos conseguir, nos importaba poco cómo podíamos afectar a alguien más. Incluso con suficiente comida y ropa, muy en el fondo de nuestras almas, seguíamos temiendo que esto no durara; que la única manera de permanecer con vida era haciéndonos de lo que pudiéramos y aferrándonos a lo que fuera.

Después de tres días de un trayecto irregular (los sistemas ferroviarios seguían hechos un desastre a causa de todos los daños de la guerra), al fin llegamos a la frontera entre Alemania y Francia. Me juré que jamás volvería a poner un pie en Alemania. Por última vez, eché una larga mirada al país que me había traicionado mientras el tren seguía su trayecto hacia el interior de Francia.

En ese instante, mientras sentía que me traspasaba una oleada de frío, me percaté de que era un chico sin país y que estaba solo, de manera absoluta e irrefutable.

La mayoría de la gente tiene un hogar; un sitio en donde se les crio, un lugar conocido al que regresar en busca de consuelo, para ver a sus viejos amigos y a sus familiares, en el cual redescubrir quiénes fueron y dónde iniciaron sus vidas. Yo no tenía nada… nada en absoluto.

Había muchas personas maravillosas que estaban haciendo su máximo esfuerzo por apoyarnos, por restaurarnos, por compensar todos los horrores que enfrentamos y por ayudarnos con lo que estaba frente a nosotros. Pero es imposible devolver un hogar que desapareció de la faz de la tierra, un hogar que simplemente dejó de existir. No puedes devolver una familia asesinada; no puedes recrear un estilo de vida una vez que se le destroza, quema y entierra.

Sí, estaba vivo, pero todo lo que fui y casi todas las personas a las que conocí estaban desapareciendo en la humeante bruma que la máquina del tren estaba dejando atrás, en el rastro de cenizas, polvo y rescoldos que se extendía tras de nosotros hasta Alemania.

Nos sentíamos felices de estar en Francia y, sin embargo, la ocasión no fue tan placentera como esperamos. Los civiles franceses, agotados por la guerra, echaron un vistazo a estos jóvenes que gritaban y celebraban mientras se asomaban por las ventanas del tren, muchos de ellos vestidos en reciclados uniformes de las juventudes hitlerianas, y supusieron que todos éramos pequeños nazis que, de alguna manera u otra, estaban transportando a Francia, un país violado y atormentado por los nazis alemanes. Al no saber que éramos víctimas de esos mismos nazis, los franceses incluso intentaron atacar el tren. Nos vimos obligados a pasar una noche en un apartadero ferroviario afuera de la ciudad de Metz para evitar a las muchedumbres francesas que se estaban presentando en las diversas estaciones del recorrido.

Los líderes de la OSE entraron en pánico. Lo último que querían es que detuvieran el tren y que los jóvenes a su cargo fueran amenazados o, incluso, golpeados a causa de un estúpido malentendido relacionado con los uniformes que llevábamos puestos.

«KL Buchenwald Waisen (orphelins)». En español: «Huérfanos del campo de concentración de Buchenwald».
Foto: U.S. Holocaust Memorial Museum.

Rápidamente, los líderes de la OSE garabatearon las palabras, «*KL Buchenwald Waisen* (*orphelins*)» al lado de los vagones para evitar futuras confusiones. KL era la abreviatura del término alemán, *Konzentrationslager* o «campo de concentración». El mensaje estaba escrito en una mezcla de alemán y francés: «*KL Buchenwald Waisen* (*orphelins*)».

A lo largo de este largo viaje, Ivar y yo nos mantuvimos juntos en nuestra minúscula fraternidad. Por supuesto, después de pasar por tantísimas cosas juntos, no solo éramos amigos, sino una especie de hermano mayor y hermano menor. Y éramos dos de los pocos chicos del tren que hablaban alemán; los demás muchachos seguían diciéndonos *yekkes*, el yidis para «judío alemán». Para evitar conflictos, siempre que alguien más estaba lo bastante cerca como para oírnos, nos esforzábamos por hablar yidis y así evitar despertar sospechas entre nuestros irascibles camaradas. No necesitábamos gran esfuerzo para imaginarnos cómo nos tratarían si se corría la noticia de que, en efecto, éramos alemanes.

Nos tardamos un día más para llegar a Les Andelys, un precioso pueblecito con enormes riscos de granito a las orillas del Sena en Normandía, alrededor de 85 km al noroeste de París. De allí nos transportaron en un convoy de autobuses a Écouis, cerca de siete kilómetros más al norte.

46

BIENVENIDOS AL ASILO

La OSE y la Cruz Roja Internacional hicieron arreglos para que viviéramos en la campiña normanda. Nuestro nuevo hogar era un manicomio abandonado en una aislada finca que antes de la guerra estuvo a cargo de unas monjas. A las personas que estaba preparando Écouis se les dijo que esperaran un grupo de 427 niños; sin embargo, nadie les informó que muy pocos niños pequeños habían sobrevivido a los campos de concentración, de modo que en lugar de los chiquillos a los que estaban esperando, se encontraron frente a frente con una caterva de adolescentes iracundos, mal rapados y carentes de cualquier tipo de modales.

Bajo la mejor de las circunstancias, los adolescentes son bastante excitables y rebeldes. Si se quisiera idear una receta para crear seres humanos enojados, obstinados y malentendidos, un excelente inicio sería que destruyeran su pueblo, su país, su familia y su raza mientras el mundo, en apariencia, no hiciera nada para impedirlo.

A estos adolescentes furibundos, como a tantos otros a lo largo de la historia de la humanidad, poco les importaba que las autoridades de Écouis fueran personas muy dulces que hacían su mejor esfuerzo por ayudarnos. Estos chicos solo sabían que se habían llevado a sus padres, probablemente para asesinarlos, y que sus vidas jamás serían iguales. Quizás el mundo se recuperaría y seguiría su curso, pero para un joven judío con la cabeza rapada, sin dinero, educación, familia ni patria, era fácil sentir que las cosas seguían siendo muy funestas y, por ello, experimentar una enorme cantidad de ira acumulada.

Nos albergaron en enormes dormitorios con cerca de 25 chicos por habitación. Desde que a mi familia y a mí nos desalojaron de nuestro departamento en Colonia, fue la primera vez que dormí sobre un catre real con resortes, en lugar de hacerlo sobre alguna base de madera. No será mucho en la actualidad, pero en ese instante fue algo monumental. Me hizo sentir menos como un prisionero, como un número, como un trozo de materia, y más como un ser humano.

La Cruz Roja Internacional también nos dio ropa nueva para reemplazar los uniformes atestados de piojos que llevábamos puestos. Hasta el día de hoy, conservo dos trozos del uniforme a rayas que usé a lo largo de mi estancia en Auschwitz y Buchenwald; allí, logré encontrar la gorra cuartelera alemana que usaba porque mi cabeza estaba rapada. Sin cabello, la cabeza se te enfría con velocidad. En la famosa foto con el rabí Schacter y todos los chicos liberados de Buchenwald, allí estoy, de espaldas a la cámara y con esa misma estúpida gorra sobre la cabeza.

También conservo dos fotografías que se tomaron de mí en Écouis y en las que traigo puesta esa misma gorra cuartelera. Supongo que, si no tienes nada, las cosas más pequeñas adquieren una enorme importancia. Era algo a lo que podía aferrarme, sin importar adónde me llevaran o lo que pudiera sucederme.

Nos alimentaron con comida deliciosa, como solo los franceses pueden prepararla. Recuerdo que a cada uno de nosotros se nos dio nuestra propia taza de hoja de lata y que, en cada comida, incluso en el desayuno, nos servían un maravilloso vino tinto francés. Éramos chicos pobres y carentes de hogar en un orfanatorio para refugiados, pero era Francia, y parecía imposible comer lo que fuera sin un buen vino. Qué país.

Al principio, la verdad era que no sabíamos qué hacer; el vino era el primer tipo de alcohol que probábamos. Fue todo un *shock* pasar de la hambruna a la nueva oleada de sentimientos intensísimos y experiencias maravillosas.

Ya estaban cuidando nuestros cuerpos, pero todavía había una enorme cantidad de infelicidad en nuestros corazones. No recibimos orientación propiamente dicha y, aunque nos alimentaban y vestían de manera excelente, tan bien como cualquiera hubiera esperado, persistía una gran cantidad de ansiedad. Solo seguimos con nuestra vida. Sucedió antes de que el término psicológico «trastorno por estrés postraumático» se volviera común, pero supongo que, si un grupo en la historia estuviera en probabilidades de haberlo padecido, seríamos nosotros.

Aunque ya conocíamos a muchos de estos otros muchachos de Buchenwald, por fin tuvimos el tiempo y la energía para hacer amistades cercanas entre nosotros.

El rabí Robert Marcus, capellán del Ejército de EUA, guio a los 427 chicos de Buchenwald en su éxodo de Alemania al manicomio reconvertido en Écouis, Francia. Henry Oster, con su gorra del ejército alemán, es el chico a la izquierda que está mirando a la cámara, directamente enfrente de la mujer con el suéter claro. Foto: U.S. Holocaust Memorial Museum.

Ninguno de nosotros sabía adónde nos dirigíamos, ni lo que nos iba a suceder una vez que creciéramos y tuviéramos que abandonar esta isla de paz y abundancia. De modo que nos hicimos amigos y nos conmiserábamos acerca de lo que haríamos con el resto de nuestras vidas. Todos estábamos a la espera de los mensajes de la Cruz Roja, que trabajaba a marchas forzadas para tratar de conectar a todas las familias devastadas y deshechas por la guerra en toda Europa.

En la actualidad, por medio de computadoras e internet se crearía una base de datos central y, después, se ayudaría a las personas a encontrarse y a conectarse por esos medios. Sin embargo, en ese entonces, todo tenía que hacerse en persona, por medio de cartas entregadas a mano o enviadas por correo, y todo en un continente bombardeado, hambreado, violado y deshecho por seis largos años de guerra. Tengo entendido que hubo muchos más de 300 000 sobrevivientes del Holocausto que la Cruz Roja tuvo que albergar, alimentar y conectar con otras personas de una manera u otra.

Para nosotros, los chicos sin hogar de Écouis, todo sucedía en una especie de lenta agonía mientras esperábamos noticias de nuestras familias; si es que todavía teníamos familia alguna.

Y, para muchos de nosotros, eso sencillamente no iba a suceder.

El único mundo que conocíamos desapareció y éramos los pocos sobrevivientes; sin embargo, después de un tiempo, eso no ayudaba a aliviar el dolor de que nadie nos quisiera. Imagina saber que, en realidad, no le interesas a ninguna persona en todo el planeta.

Para ese momento, Ivar y yo éramos casi inseparables. Ninguno de los dos tenía a nadie más, así que nos volvimos hermanos todavía más.

En algún momento dado, a todos nos pidieron que declaráramos el país de donde éramos originarios, así como el país al que queríamos ir. Yo elegí Palestina, un sitio donde le darían la bienvenida a un refugiado como yo. Soñaba con ir a EUA, pero parecía fuera de toda posibilidad. Por años, mi familia trató de llegar allí, pero jamás tuvimos ni el tiempo ni el dinero ni la oportunidad, así que ¿qué posibilidades tendría yo, un chico sin un centavo y sin educación, de que ese sueño se volviera realidad?

Nunca se supuso que Écouis fuera un hogar permanente para alguno de nosotros. Todos sabíamos que no era más que una parada del camino hacia… bueno, no teníamos idea de adónde se dirigía y, por las noches, a solas en nuestra cama, eso podía ser algo difícil de soportar.

A medida que empezó a pasar el tiempo, algunos de los chicos más afortunados pudieron reconectarse con los miembros sobrevivientes de sus familias y les dijimos adiós. Nos sentíamos felices por ellos y les deseamos la mejor de las suertes. Pero jamás pudimos estar seguros de lo que les sucedió; simplemente desaparecieron, igual que lo hicieron antes tantos de nuestros familiares y amigos.

En cuanto a los que quedábamos, la Cruz Roja y la OSE se dieron cuenta de que tendríamos que hacer nuestra vida a solas. No habría familiares vivos que pudieran rescatarnos.

Écouis, Francia: generación de 1945. Henry Oster es el tercer chico de la fila inferior; se encuentra a la derecha del muchacho que está hincado y que trae un saco con solapas anchas. Foto: U.S. Holocaust Memorial Museum.

Henry Oster, el payaso de la clase, Écouis, Francia, 1945.
Foto: U.S. Holocaust Memorial Museum.

47

ALGUIEN DE ALGÚN LUGAR

ALGUNOS DE MIS COMPAÑEROS se ganaron la lotería y abandonaron Écouis para irse a vivir con parientes lejanos. Un par de mis amigos terminaron yéndose a Canadá, algunos regresaron a sus países de origen y muchos otros decidieron quedarse en Francia.

También, para el resto de nosotros, la suposición fue que, a la larga, terminaríamos convirtiéndonos en ciudadanos franceses porque ya nos encontrábamos en Francia, país que se ofreció a darnos asilo.

Eso es lo que le sucedió a Elie Wiesel, otro de los chicos del Bloque 66 dentro del Campo pequeño durante los últimos días en Buchenwald. Era oriundo de Rumanía, pero como decidió quedarse en Francia, que estaba mucho mejor que Rumanía después de la guerra, se convirtió en ciudadano francés. Por supuesto, también se convirtió en un escritor reconocido a nivel mundial y en ganador del Premio Nobel de la Paz. En ese entonces, no conocía a Elie por nombre; era solo uno más de «los chicos de Buchenwald».

Si eras polaco, por ejemplo, o lituano, como Ivar, en realidad no tenía ningún caso regresar a tu país. Cualquier comunidad o estructura social judía que hubiera existido años atrás había sido aniquilada por los alemanes. Si tu familia era poseedora de alguna casa, lo más probable es que si regresabas, encontrarías a alguien más habitándola porque se le dijo que era suya. En realidad, no había hogar al que regresar.

En mi caso, cuando el cónsul de Polonia fue a visitar Écouis, le dije al personal que yo era originario de Łódź. No nací allí, pero viví en el gueto de esa ciudad antes de que me arrastraran a Auschwitz y a Buchenwald. Además, después de todo lo que Alemania me hizo a mí y a mi familia exterminada, no estaba nada de acuerdo con que se me reconociera como alemán.

Esto me hizo merecedor a una tarjeta de identificación, semejante a un pasaporte, que le mostraba al mundo que yo era alguien de algún lugar. Mis amigos, incluyendo a Ivar, recibieron sus propios documentos de identidad, lo que nos dio un poco más de autonomía. En un mundo lleno de refugiados y exprisioneros errantes, un adolescente germanoparlante sin papeles despertaría muchísimas sospechas. Estas tarjetas nos permitían ir más allá de las rejas de Écouis, al mundo exterior, con un poco menos de aprehensión.

La embajada polaca también nos dio a cada uno de nosotros cerca de quinientos francos para gastar. De un momento para otro, sentí que era rico.

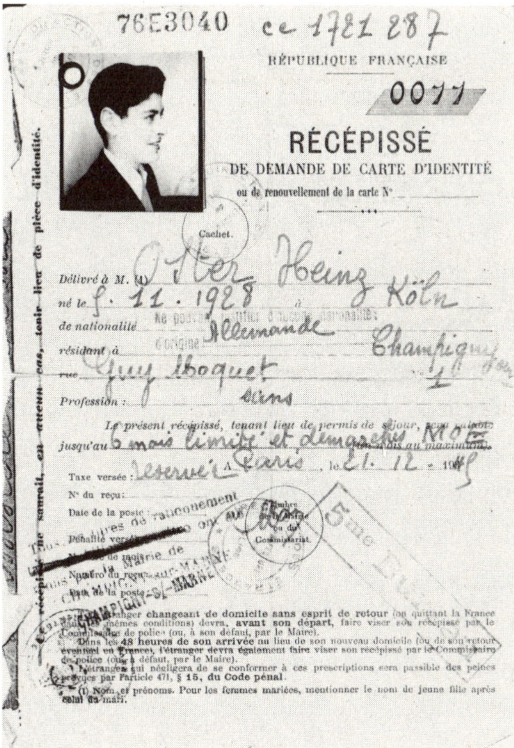

76E3040 cc 1721 287

RÉPUBLIQUE FRANÇAISE

0077

RÉCÉPISSÉ

DE DEMANDE DE CARTE D'IDENTITÉ

ou de renouvellement de la carte N°

Cachet.

Délivré à M. (1) Oster Heinz

né le 5 · 11 · 1928 à Köln

de nationalité Allemande

résidant à Champigny

rue Guy Moquet 1

Profession : sans

Le présent récépissé, tenant lieu de permis de séjour, sera valable jusqu'au 6 mois limite et démarches MOE

Taxe versée : Réservé à Paris, le 21. 12. 194[illegible]

N° du reçu :

Date de la poste :

Pénalité versée :

N° de mairie de

Numéro du reçu :

Date de la poste :

Timbre de la Mairie ou du Commissariat.

CHAMPIGNY-S/-MARNE

Tout étranger changeant de domicile sans esprit de retour (ou quittant la France dans les mêmes conditions) devra, avant son départ, faire viser son récépissé par le Commissaire de police (ou, à son défaut, par le Maire).

Dans les 48 heures de son arrivée au lieu de son nouveau domicile (ou de son retour éventuel en France), l'étranger devra également faire viser son récépissé par le Commissaire de police (ou, à défaut, par le Maire).

L'étranger qui négligera de se conformer à ces prescriptions sera passible des peines prévues par l'article 471, § 15, du Code pénal.

(1) Nom et prénoms. Pour les femmes mariées, mentionner le nom de jeune fille après celui du mari.

Tarjeta francesa de identidad de Henry (Heinz) Oster.
Documento: Henry Oster Archive.

48

EL ASPECTO DE LA LIBERTAD

EN ÉCOUIS HABÍA MUCHO TIEMPO que matar. Aprendíamos francés a una velocidad limitada, por lo que los maestros y orientadores se esforzaban muchísimo por inventar tareas útiles, o al menos agradables, para evitar que pensáramos sobre nuestros pasados o de nuestro incierto futuro.

Terminamos haciendo labores manuales, creando artesanías con delgados trozos de triplay. Construíamos tonterías tales como molinos de viento y pequeñas holandesas con sus colitas volando en el aire.

Originalmente, los maestros dividieron a los chicos en grupos por edad, como era común y costumbre hacerlo. Sin embargo, nuestros antecedentes eran muy variados, proveníamos de múltiples países y hablábamos diferentes idiomas, por lo que era inevitable que surgieran conflictos entre los diversos grupos. Con naturalidad, nos unimos formando aquello que los sociólogos reconocerían como pandillas, donde encontrábamos compañerismo y apoyo. El problema fue que obligar a los miembros de las diferentes pandillas a dormir juntos, comer juntos y estudiar juntos simplemente era algo que no funcionaría.

Al final, los maestros se dieron cuenta de que, si nos estábamos uniendo en pandillas naturalmente, no tenía caso evitar que lo hiciéramos, así que los chicos polacos se quedaron con los demás chicos polacos, aunque fueran mayores o menores y los húngaros se reunieron en sus propios grupos. Los muchachos mayores asumieron el papel de hermanos mayores, lo que les dio a los menores alguien que los protegiera y que les enseñara diferentes cosas.

No teníamos familiares, pero estábamos formando familias propias que los sustituyeran. Ivar y yo éramos una familia; solo dos chicos asustados que tenían un poco en común: hablar el mismo idioma y todo lo demás por lo que pasamos.

Henry Oster e Ivar Segalowitz, París, 1945.
Foto: Henry Oster Archive.

Existen algunas otras fotografías que sobreviven de nuestra estancia en Écouis y que nos muestran a Ivar y a mí posando con nuestros pequeños proyectos de madera. Casi parecemos jóvenes felices y normales, sin nada peor por lo que preocuparnos que cortar madera con una pequeña sierra de calar.

* * *

Un día, me harté de hacer lo que los maestros querían que hiciera. Después de un tiempo, ninguno de los proyectos tenía significado. Nuestro instructor me dijo que hiciera lo que quisiera, pero yo no tenía idea de qué hacer.

—Dime cómo te sentiste cuando te liberaron —me indicó.

Al principio, no lo entendí.

—Muéstrame lo que experimentaste, el aspecto que eso tendría dentro de ti.

Recordé esos últimos días sofocantes dentro de las barracas del Bloque 66, cuando tenía que respirar a través de una ventana minúscula cerca del techo.

Recordé el horripilante tufo de los cuerpos que se pudrían y del cloro. Le dije al instructor que la libertad significaba ir al exterior, romper la pared que había entre mí y el aire, entre mí y el sol.

Henry Oster (a la extrema izquierda detrás de la mesa) e Ivar Segalowitz (junto a Henry) en Écouis, con sus esculturas de madera. La escultura de Henry, donde expresa lo que se siente estar en libertad, de un hombre encadenado que está derrumbando las paredes que lo cercan, puede verse a la derecha del molino de viento.
Foto: U.S. Holocaust Memorial Museum.

Hice una tosca escultura de un chico que sostiene sus brazos a cada lado de sí y que siente el sol y el aire mientras derriba las paredes frente a él. Hice un sol de plástico pintado de amarillo, que brillaba con intensidad en el cielo afuera de las ventanas.

49

EL BUEN NAVÍO ÉXODO

EL MOVIMIENTO ENCUBIERTO para transportar a los judíos sin hogar de Europa a Palestina, y al que se le dio el nombre de *Bricha,* «fuga» en hebreo, empezó a cobrar auge. Había millones de judíos varados en campamentos para personas desplazadas. Después del Holocausto, el pueblo judío que logró sobrevivir estaba decidido a tener un país propio para que nada como esto sucediera de nuevo. La mayoría de los judíos no tenía permitido migrar a Palestina, que estaba bajo control de los británicos, de modo que se formó una coalición clandestina de líderes y luchadores judíos, incluida la Haganá, que ayudara a pasar a los judíos desplazados de contrabando a lo que más tarde se convertiría en Israel.

Yo no tenía un país al que ir, de modo que cuando llegaron los representantes de la *Bricha* a Écouis para tratar de reclutar judíos que se unieran para crear el país de Israel, me apunté de inmediato.

Obtuve un boleto para cruzar de Francia a Palestina en el buque de vapor *Exodus 1947*, que pronto se volvería muy famoso.

El navío estaba destinado a convertirse en el campo de batalla entre los judíos que querían irse a Palestina y las autoridades británicas que, en ese momento, estaban a cargo del lugar. Los británicos no querían dejar que entrara una cantidad enorme de refugiados judíos, la mayoría de los cuales no contaba con certificados legales de inmigración. Además, los árabes y palestinos que ya vivían en Palestina tampoco estaban contentos con la idea.

Sin embargo, la Haganá, el ala militar del movimiento para efectuar la creación de Israel, quería obligar al mundo a ver las injusticias a las que seguían sometiendo a los judíos. De modo que planearon llevar este viejo buque de segunda mano de Francia a Israel, retar a los británicos a que los detuvieran por la fuerza, y mostrarle a todo el planeta otra escena más de abuso y persecución hacia los judíos.

A medida que se prolongaba nuestra estancia en Écouis, las autoridades del lugar decidieron que, si nos íbamos a quedar allí durante mucho tiempo más, necesitaríamos ejercer alguna profesión, por lo que empezaron a ofrecernos la educación adecuada.

¿Y yo qué quería ser? Para iniciar mi educación, necesitaba decidir qué quería hacer durante el resto de mi vida.

Lo que de verdad quería era dedicarme a ser comediante.

A través de todas las situaciones desesperadas y enloquecidas por las que pasé, siempre parecía ser yo el que intentaba aligerar las cosas; destacar incluso lo menos gracioso de cualquier circunstancia. Cuando todo el mundo a tu alrededor está en un estado de constante pesimismo, y en el caso de nuestros amigos y familiares, por razones más que justificadas, no es tan difícil ser el tipo chistoso de la habitación.

Claro que mucho de mi humorismo tenía que ver con una sola cosa: no tenía idea de muchas cosas. En realidad, no sabía qué tan mala era la situación.

La gente me decía: «Eres tan increíblemente gracioso que deberías ser comediante». Y, después de varios de estos comentarios, al paso de los años, empecé a creerles. Claro que la verdad era que no tenía ningún talento, ni capacidad real en ese sentido: una cosa es hacer reír a tus familiares y a tus amigos, pero es muy diferente pararte frente a una audiencia de desconocidos y hacerlos reír en todo momento, día tras día.

Además, los maestros de Écouis, al igual que la mayoría de los maestros y padres de familia inteligentes del mundo entero, no estaban tan seguros de que ser un comediante funcionara como carrera práctica para mí.

No era mi primera elección, pero empecé a capacitarme para ser ingeniero civil; una de esas personas que diseñan y construyen puentes, carreteras y túneles.

No me fascinaba la idea. No me parecía que sería ni por asomo tan divertido como pasar el tiempo en cabarets y clubes nocturnos, haciendo reír a todo el mundo mientras me admiraban las chicas del público.

O, por lo menos, esa era mi fantasía.

A diferencia de muchos de los chicos, yo sí sabía leer y escribir: en alemán, por supuesto, y en hebreo, de cuando estuve estudiando para mi bar mitzvá en secreto; pero para nada en francés. Tenía mucho trabajo por hacer.

De modo que asistí a la escuela de ingeniería civil... solo un día.

50

EL HOMBRE DE ESTADOS UNIDOS

CUANDO REGRESÉ A CASA de la escuela de Ingeniería la tarde de mi primer día de capacitación, un hombre, un civil, me estaba esperando. Se presentó y me dijo que era el vicecónsul de Estados Unidos, de la embajada de París.

Me dijo, en un francés que apenas pude entender, que después de que la Cruz Roja obtuvo toda mi información en Buchenwald, los nombres y las direcciones de todos los familiares que pude recordar encontraron una conexión.

Tomaron el nombre de uno de mis tíos maternos, Herbert Haas, e investigaron aquel recuerdo mío de que él vivía en Filadelfia.

—Debo decirte —afirmó—, que tu tío no vive en Filadelfia en la actualidad, pero encontró tu nombre en un periódico de Los Ángeles.

»La Cruz Roja les pidió a diferentes periódicos alrededor del mundo que publicaran los nombres de los sobrevivientes como tú. En Los Ángeles, en el lejano estado de California, hay un periódico judío que se llama *B'nai B'rith*, que significa «Hijos de la Alianza» en hebreo.

»Tu tío encontró tu nombre en ese periódico y está dispuesto a que formes parte de su familia; está pidiendo que vayas a Estados Unidos para que vivas con él y su esposa.

Fue un momento que cambió mi vida. En realidad, fue lo que inició mi vida. Exploté de felicidad. Alguien, en algún lugar de allá afuera, me quería. Después de años de abandono por casi todas las personas y las instituciones con las que me topé, no podía creer que esto me estuviera sucediendo. Cuando el mundo entero parece darte la espalda durante tantos años, empiezas a sentir, de alguna manera, que en realidad no mereces que se te trate como ser humano.

Después de que te abaten en repetidas ocasiones, de que te hacen sentir inútil durante tanto tiempo, ¿sucede esto? Casi deliraba de felicidad. ¿Quién hubiera pensado que, después de todo esto, terminara yendo a Estados Unidos?, un país de absoluta fantasía, ese país en el que todas las personas del mundo querían vivir.

Lo que me sucedió fue un milagro, como tantos otros a lo largo de los años.

Esa tarde, quedaron desechados mis planes para ir a Palestina. No tenía interés alguno en ir a lo que podría convertirse en otra larga guerra, tanto contra los británicos como contra los palestinos, cuando podía optar por ir a Estados Unidos.

Terminé dándole mi boleto para viajar en el *Exodus* a otro compañero de Écouis.

Aunque tenía cierta idea del sitio al que me dirigiría, todavía necesitaba averiguar cómo llegaría hasta allí. No había barcos de pasajeros civiles que navegaran de Francia a Estados Unidos tan pronto después de la guerra: cada navío disponible estaba atestado de tropas estadounidenses y canadienses que se dirigían a casa.

Además, aunque hubiera habido un barco en el que viajar, ¿cómo iba a pagar el viaje un judío que no tenía ni un solo centavo? Yo no tenía el dinero, ni tampoco lo tenían mi tío Herbert ni mi tía Bertha. Tendrían que pasar meses antes de que pudiera pensar en llegar a Estados Unidos.

51

UN HOMBRE LIBRE EN PARÍS

DADO QUE MUCHOS SOBREVIVIENTES encontraron otros lugares donde instalarse, llegó el momento en que cerraron Écouis, y enviaron a distintos grupos de los chicos de Buchenwald a otros sitios en Francia.

Por sorpresa, yo terminé viviendo en una finca perteneciente a los Rothschild, una de las familias más ricas de todo el mundo occidental en ese entonces. Se ofrecieron a recibir a un grupo de huérfanos en una de las diversas propiedades que tenían a lo largo y ancho de Europa.

Esto sonó maravilloso... hasta que llegamos. Resultó que, en lugar de vivir en el esplendor de una de las mansiones de los Rothschild, nos metieron en los aposentos de la servidumbre, escondidos en la parte posterior de la propiedad, donde no pudieran vernos ni los miembros de la familia ni sus invitados.

Los dormitorios estaban asquerosos y en muy mal estado, y si eso lo dice alguien que sobrevivió a Auschwitz, puedes creerlo por completo. Terminó dándome sarna por la suciedad de las camas y de las sábanas; la ocasiona un ácaro que una vez que penetra la piel, se multiplica, y es la peor cosa provocadora de comezón que podrías imaginarte. Mi caso fue tan grave que me llevaron a un hospital de París para darme tratamiento.

Pero incluso esto fue algo a mi favor; aunque habría sido difícil convencerme de ello en aquel momento, ya que el tratamiento consistía en un baño ardoroso y tóxico que tenía que darme dos veces al día y que hacía que mi piel se pusiera de color morado. Cada que salía de bañarme parecía una especie de Pitufo.

La buena noticia es que, durante mi tratamiento, conocí a una adorable enfermera francesa llamada Carmen. Era una de las mujeres que me ayudaba a bañar, así que podría decirse que no tenía secretos para ella.

Una vez que me curaron y que ya no estuve morado de pies a cabeza, me dieron de alta del hospital y me trasladaron a mi nuevo hogar, en Champigny-sur-Marne, a las afueras del sureste de París.

Entre lo que me enviaba mi tío siempre había dos paquetes enteros de cigarros, que era algo fabuloso porque, aunque yo no fumaba (estuve a punto de desmayarme cuando traté de hacerlo), los cigarros eran casi como dinero en efectivo durante estos años de privación y raciones.

También tenía algo de dinero adicional en mis bolsillos, lo que me permitía pasearme por la ciudad y comprarme algunas cosas. Además, mi nueva amiga, Carmen, era fumadora, y tener esos cigarros, sin duda, me hizo un poco más atractivo de lo que habría sido sin ellos.

Por supuesto, seguí en contacto con Carmen y una noche, después de ir al cine, me invitó a subir a su habitación en el dormitorio de las enfermeras. Era muy dulce. Estaba orgullosa de sus habilidades en el violín e insistió en tocarlo para mí. Pero antes de que supiera qué estaba pasando, bajó el violín, apagó las luces y me llevó a su cama. Hicimos el amor; yo, por primera vez en mi vida. Fue amable, paciente y comprensiva. Resultó ser una maravillosa introducción al mundo de los placeres sexuales y un enorme contraste frente a los lugares en los que estuve y las experiencias por las que pasé: apenas unos meses antes, me estaba muriendo de hambre en Buchenwald y, en ese momento, estaba paseándome por París con algunos francos en mi bolsillo e incluso estaba acostándome con mi propia novia francesa.

Todavía hoy en día sigo haciendo la broma de que siempre que escucho a alguien tocar el violín, puedo sentir que algo en mí se agita...

A los demás muchachos de Champigny-sur-Marne y a mí nos fascinaba vagar por todo París. Era como estar en el paraíso. Muchas de las atracciones parisinas más populares, como los espectáculos de los Folies Bergére y del Moulin Rouge, eran completamente gratuitos para nosotros. Se nos dio un maravilloso pase verde que indicaba, en francés, «Extiéndase cualquier cortesía a veteranos y anteriores prisioneros».

Mis compañeros y yo asisitíamos a los cines y espectáculos siempre que queríamos. Beber vino y contemplar a las preciosas bailarinas francesas fue un fabuloso prefacio a los placeres de la vida del mundo libre. Fue en los Folies Bergére donde vi a una mujer desnuda por primera vez en mi vida; mis aventuras con Carmen siempre sucedían en la dulce y cálida oscuridad de su dormitorio.

Una noche, mis amigos y yo tomamos un tren a Pigalle, la famosa zona roja y de centros de espectáculos de París, para ir a una doble función de cine. Recuerdo que se trató de *Gunga Din* con Cary Grant, Douglas Fairbanks Jr. y Sam Jaffe, un agradable muchacho judío, en el papel del miserable aguador indio. También vimos *Las cuatro plumas*, otra película acerca de los británicos creando problemas en otro país extranjero más, estelarizada por C. Aubrey Smith.

Cuando terminó la segunda película, nuestra pequeña pandilla salió a las calles para colmarse de las luces, sonidos y locura que sucedía a nuestro alrededor. No estábamos allí para encontrar alguna prostituta o, por lo menos, no para contratar sus servicios. En realidad, no sabíamos lo que eran las prostitutas. Éramos tan cándidos e inexperimentados que lo único que sabíamos es que se suponía que eran mujeres malas.

Pero a los muchachos, en especial si son jóvenes exprisioneros lujuriosos, les gusta mirar a las muchachas, y eso es justo lo que hicimos.

Una chica francesa se me acercó y, en una voz sensual, me hizo lo que podríamos llamar una propuesta indecorosa. Me sorprendí y ofusqué, y fue por ello, más que nada, que la llamé con la palabra francesa que conocía para «puta». Pronto me enteré de que esa palabra también significaba «cerda» y, además, de que París era una ciudad en que la prostitución se tomaba muy en serio. En el instante en que lo dije, me percaté del nivel de insulto que significó, mucho más allá de mi intención. La profesión de estas chicas se respetaba, la ciudad les otorgaba permisos para llevarla a cabo y estaban protegidas por la ley y por la policía a un grado muy superior que en otros lugares. La mujer se ofendió muchísimo por lo que espeté y empezó a gritar. Antes de que supiera lo que estaba sucediendo, estaba en manos de los gendarmes, que me arrastraron a la estación de policía mientras yo protestaba en mi muy mal francés.

Lo último que quería era volver a encontrarme prisionero en otro lugar.

Se hizo un enorme escándalo ya que mis amigos me siguieron hasta la estación de policía para tratar de liberarme. La multa era de doscientos francos, una cantidad que yo no tenía. Les traté de explicar lo avergonzado que me sentía, que no hablaba francés y que jamás fue mi intención faltarle al respeto a la joven que tan amablemente me ofreció sus servicios.

En consideración a mi edad, a mi estatus como sobreviviente de Auschwitz y de Buchenwald, y por mi evidente falta de pericia con el idioma, la multa se redujo a cien francos que, junto a la gente que administraba mi refugio, logré pagar.

Cuando salimos por la puerta y bajamos las escaleras de la estación ya durante las primeras horas de la mañana, nos topamos con la prostituta a la que insulté, que nos estaba esperando. No dejaba de llorar por el problema en que me había metido; una vez que se enteró de mis circunstancias, se sintió terrible por el escándalo que armó a causa de mi estúpido error. Incluso, me dio cincuenta francos suyos para tratar de compensar por lo que pasé.

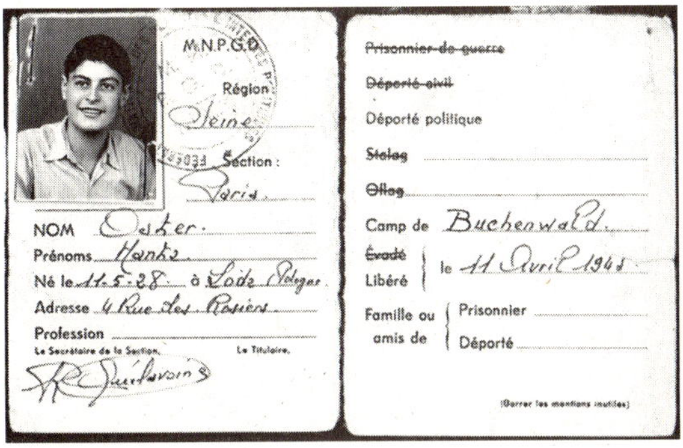

M.N.P.G.D.
Région : Seine
Section : Paris
NOM Oster.
Prénoms Hanks.
Né le 11-5-28 à Lodz Pologne
Adresse 4 Rue des Rosiers.
Profession
Le Secrétaire de la Section. Le Titulaire.

~~Prisonnier de guerre~~
~~Déporté civil~~
Déporté politique
~~Stalag~~
~~Oflag~~
Camp de Buchenwald.
~~Évadé~~ / Libéré le 11 Avril 1945
Famille ou amis de: Prisonnier / Déporté
(Barrer les mentions inutiles)

Otra tarjeta de identidad francesa en la que se especifica la estadía de Henry Oster en Łódź, Polonia, y su liberación de Buchenwald el 11 de abril de 1945. Foto: Henry Oster Archive.

52

RUMBO A LA TIERRA PROMETIDA

EN OTRA OCASIÓN MÁS FELIZ, Ivar, otros dos amigos y yo nos fuimos a pasear por la magnífica Avenida de los Campos Elíseos, el amplio y soleado bulevar que termina en el Arco de Triunfo, el famoso monumento que se encuentra al tope de la prolongada colina. Nos detuvimos a tomar un café y algo dulce en uno de las diversas cafeterías que se encuentran sobre la avenida. Mientras estábamos allí, platicando en una mezcla de alemán y yidis, dependiendo de quién hablaba, el mesero se acercó a nosotros.

—Perdón —dijo—. Disculpen la interrupción, pero hay un caballero a unas mesas de distancia que lo oyó hablar en alemán y al que le agradaría conocer al joven caballero.

Nos presentaron al señor y a la señora Rosenthal, una pareja judía alemana que había escapado de la Alemania nazi a Francia en 1937 y que logró ocultarse de los alemanes en esa ciudad durante la guerra.

De todas las personas en Francia a las que pudimos conocer, resultó que este hombre era un funcionario del Ministerio de Transporte de Francia. Si había alguien que me pudiera ayudar a salir del país y a cruzar el Atlántico para llegar a EUA, era este tipo.

Después de conocernos en el café, el señor Rosenthal y su esposa me adoptaron, en cierto sentido, y durante las siguientes semanas acudí a las cenas de los viernes en su casa de París; así, los conocí tanto a ellos como a su familia.

Al paso del tiempo, surgió el plan para lograr cruzar el Atlántico.

Resultó que el señor Rosenthal tenía un hermano que vivía en Los Feliz, un bonito vecindario lleno de palmeras en la parte centro norte de Los Ángeles, California. El señor Rosenthal había estado buscando alguna manera de enviarle dinero a su hermano, pero sin tener que pasar por los trámites burocráticos y los costos excesivos de mandárselo desde Francia de manera oficial.

El señor Rosenthal propuso que mi tío, que ya se encontraba en Los Ángeles, le diera el dinero de mi pasaje en barco al hermano de Los Feliz y que entonces él compraría el boleto de barco para que yo viajara de Francia a Estados Unidos.

También recurrió a algunos de sus contactos y logró reservar mi pasaje en el *Desiré*, un viejo carguero que viajaría de Normandía a Estados Unidos. Era uno de los primeros navíos en transportar civiles desde Francia a Nueva York después de la guerra, y yo, de entre todos los demás refugiados de Europa, tendría el boleto dorado para viajar en él.

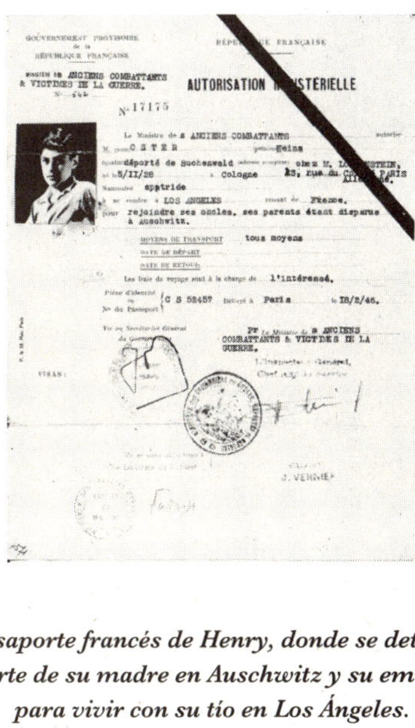

GOUVERNEMENT PROVISOIRE de la RÉPUBLIQUE FRANÇAISE

RÉPUBLIQUE FRANÇAISE

ANCIENS COMBATTANTS & VICTIMES DE LA GUERRE.

AUTORISATION MINISTÉRIELLE

N° 17175

Le Ministre des ANCIENS COMBATTANTS autorise

M. OSTER Heinz

déporté de Buchenwald chez M. L...STEIN, 13, rue du C... PARIS

né le 5/II/28 à Cologne

Nationalité apatride

à se rendre à LOS ANGELES venant de France,

pour rejoindre ses oncles, ses parents étant disparus à Auschwitz.

MOYENS DE TRANSPORT tous moyens

DATE DE DÉPART

DATE DE RETOUR

Les frais de voyage sont à la charge de l'intéressé.

Pièce d'identité ou N° du Passeport C S 58457 délivré à Paris le 18/2/46.

VISAS :

P. Le Ministre des ANCIENS COMBATTANTS & VICTIMES DE LA GUERRE.

L'Inspecteur Général,

J. VERNIER

Pasaporte francés de Henry, donde se detalla la muerte de su madre en Auschwitz y su emigración para vivir con su tío en Los Ángeles. Foto: Henry Oster Archive.

Me despedí de Ivar. No tenía idea de si lo vería de nuevo. Se sintió triste de verme partir; e imagino que, sin duda, fue aterrador para él perder otra parte más de su pasado y despedirse del hermano mayor que trató de cuidar de él desde Buchenwald. Sin embargo, los dos sabíamos que tenía que irme. No había la más mínima duda. Ivar estaba en buenas manos aquí y estaba aprendiendo francés con velocidad; además, estaba obteniendo una excelente educación en París. Yo tenía una familia y, quizá, una buena vida al otro lado del mar.

Prometimos mantenernos en contacto, aunque los dos sabíamos que iba a resultar difícil, dado lo caótico que era el mundo en ese entonces.

Fue muy complicado despedirme de mi único amigo verdadero en todo el mundo, pero en realidad no tenía opción, por lo que partí.

Henry Oster e Ivar Segalowitz, París, 1945.
Foto: Henry Oster Archive.

Me despedí de mis demás amigos y maestros, y abordé el tren de París rumbo al puerto de Cherburgo.

París se salvó de la destrucción durante la guerra, pero Cherburgo, el puerto más cercano a los puntos de desembarco del Día D en Normandía, recibió el ataque de los Aliados por cielo, mar y tierra, y había restos y reliquias de guerra por doquier. Cuando el barco abandonó el puerto de Cherburgo, tuvimos que evadir las minas alemanas que todavía quedaban. Incluso la tripulación trató de dispararles a algunas en un intento de hacerlas explotar antes de que pudieran detonarse a nuestro paso. Ninguna lo hizo y no tardamos en llegar a mar abierto en el Atlántico, donde emprendimos el viaje mientras dejábamos una espesa estela de aceitoso humo negro en nuestro trayecto de dos semanas a la ciudad de Nueva York.

53

LA MUJER DEL PUERTO

CUANDO LLEGAS A NUEVA YORK en un barco destartalado y ves la Estatua de la Libertad... bueno, es una experiencia casi imposible de describir. No me importa el número de personas que han intentado hacerlo, pero cuando ves esta estatua imposible, con la antorcha que sostiene en el aire, todo cambia.

El concepto mismo de lo que eres, de quien eres, de lo que atravesaste; todo cambia por completo en un instante. Esa increíble, bella y simbólica estructura te dice que llegaste a la entrada de algo que tu imaginación ni siquiera podía concebir.

La gente que nace en Estados Unidos no tiene forma de comprender lo que su país significa para las personas pobres, abatidas y desesperadas a las que se les acabó el dinero o la suerte o el espacio en cualquiera que haya sido el país del que provienen. Para estas personas, personas como yo en ese día gris de abril de 1946, Estados Unidos era mucho más que un sitio nuevo; era toda una vida nueva.

Casi no tenía dinero. No hablaba inglés, no tenía habilidad alguna, no tenía hogar y no tenía una familia verdadera. Sin embargo, incluso yo, que llegaba sin nada, me sentía como el chico más afortunado del mundo. Después de todos esos años de sentirme despreciado y de que los nazis estuvieran a punto de aniquilarme, el que tantas cosas estuvieran saliendo bien en mi vida parecía un largo y maravilloso sueño.

Y es un sueño del que, tantísimos años después, todavía no despierto.

Durante un corto tiempo, me quedé en Nueva York con familiares extensos: Millie Lachman, prima de mi madre, y su marido Henry, a quien conocí en Alemania. También me reconecté con un par de amigos de Colonia. Uno era un chico más o menos de mi edad, hijo de uno de los primos de mi madre; y otro era un anterior compañero de clases de por allá de 1935, antes de que los alemanes nos sacaran de la escuela.

Estas maravillosas personas me brindaron mis primeros vistazos de Estados Unidos.

Casi me fui de espaldas cuando vi por primera vez un supermercado estadounidense. No había nada parecido en Europa: todo el mundo compraba sus víveres en tiendas locales a poca distancia de sus hogares. Aquí había toda una catedral dedicada a la comida en todas sus representaciones. Paredes enteras de pan; océanos de leche. Un mostrador de carnes más grande que el de cualquier sitio en el que llegué a vivir. Verduras frescas y relucientes, y arcoíris enteros de frutas de cada esquina del planeta.

Los restaurantes automáticos, fueron otra invención estadounidense que me quitó el aliento. En la actualidad, parecen un poco siniestros e industrializados, pero para esa época eran un invento asombroso. Ponías cincuenta centavos en una ranura y metías la mano en una máquina que daba vueltas para elegir el sándwich que deseabas. Era robótico y mecánico, pero también era moderno, rápido y ultragenial. Podías conseguir un sándwich en cuestión de segundos; no tenías que esperar a que una persona de carne y hueso tomara tu orden, la preparara y, después, te cobrara y te regresara tu cambio. Pas, pas, pas; en Estados Unidos, las cosas pasaban más rápido que en ningún otro país de la tierra.

Toda esta comida era un deleite visual, una mirada franca a un mundo totalmente nuevo, al mundo del futuro, extendido frente a mis pasmados ojos. Sin embargo, era extraño que la comida en sí no me emocionara.

Incluso ahora, una vez que la gente me conoce y se entera de lo que viví hace tantísimos años, parecen tener la necesidad irracional de alimentarme. «Estabas muriendo de hambre», me dicen. «Necesitas comer más».

Odio decepcionar a todas estas personas con tan buenas intenciones, pero la comida no significa tanto para mí. No desde que abandoné Buchenwald. Eso fue entonces y esto es ahora. No puedo compensar hoy lo que no obtuve entonces. Quizá sea que mi estómago y mi metabolismo se desarrollaron sin casi nada de comida y que eso no terminó por cambiar después de que llegué a este país, la capital internacional del exceso de comida. No tengo deseos de comer mucho en cada comida y hay veces en que parece tan oneroso comer, limpiar todo y digerir, que desearía no tener que hacerlo desde un inicio.

Henry Oster, Nueva York, 1946.
Foto: Henry Oster Archive.

54

EN CASA AL FIN

CUANDO LLEGUÉ A LOS ÁNGELES, mi tío Herbert y mi tía Bertha estaban genuinamente felices de verme, adoptarme y ayudarme a crear una vida en Estados Unidos.

No obstante, era evidente que también me tenían lástima. Era una criatura escuálida de aspecto patético, por lo menos en comparación con todas las personas sanas y ultraalimentadas de Los Ángeles. La gente me decía: «¡Estás muy pálido! ¡Estás demasiado delgado!» cuando, en realidad, me veía fantástico si se me comparaba con cómo me veía solo algunos meses antes.

Al principio, fui un poco más alto que la mayoría de los demás chicos, pero en ese entonces mi cuerpo ya estaba haciendo todo lo posible para ponerse al corriente. Una vez que llegué a California y que empecé a vivir una vida más normal, mi cuerpo floreció como si fuera un girasol. Crecí un poco más de diez centímetros en un solo año.

Recuerdo que mis tíos me compraron mi primer traje completo. Me sentí muy orgulloso al ponérmelo; sin embargo, jamás llegué a usarlo en público. Para cuando se celebró una boda familiar que requería que lo usara, mis antebrazos se asomaban por las mangas como si fueran los de un espantapájaros.

Me daba mucho gusto crecer, pero resultaba doloroso. Mis articulaciones me dolían todo el tiempo, como si estuvieran padeciendo los dolores de crecimiento de todos los años anteriores en apenas unos meses. Mi cuerpo se sentía como si ya no me quedara.

Mis tíos no pudieron ser más amorosos y cariñosos. En retrospectiva, supongo que como no estaban preparados para tener hijos propios, por todas las dificultades que atravesaron, depositaron sus deseos de ser padres en mí. Me imagino que trataron de consentirme.

Algunos de mis amigos y familiares actuales quizá piensen que lo lograron.

Cuando todavía vivían en Filadelfia, mi tía se vio obligada a hacer trabajo de destajo en una fábrica de ropa para llegar a fin de mes; cosía abrigos para soldados. Mi tío Herbert, como todos nosotros, los judíos alemanes, no pudo obtener ningún tipo de educación antes de irse a EUA, pero le fascinaban los coches; en Alemania fue corredor de autos y se lesionó durante un accidente en su juventud. El único trabajo que consiguió en Alemania en la década de los treinta fue como vendedor de coches Opel, que ahora es la subsidiaria alemana de General Motors. Después, conoció a mi tía Bertha y los dos se mudaron a mi ciudad de origen, Colonia. Como judío, no tenía permitido ser dueño de un negocio propio, de modo que terminó trabajando en un taller mecánico, donde arreglaba los autos de otras personas.

Cuando llegó a Estados Unidos hizo lo mismo: fue gerente de una gasolinera de Atlantic Richfield, la compañía que ahora se conoce como ARCO, en el Wilshire Boulevard del centro de Los Ángeles, juntito al Good Samaritan Hospital.

Se encontraba trabajando en la gasolinera cuando pasó a verlo un caballero que, de casualidad, era dueño del *B'nai B'rith Messenger*, un famoso y antiguo periódico judío de Los Ángeles. Este tipo era cliente de la gasolinera de mi tío Herbert desde hacía mucho tiempo, y sabía que estaba tratando de localizar a cualquier familiar sobreviviente de la locura que sucedió en Europa.

Todos los viernes, cuando se publicaba el periódico, se aseguraba de pasar por la gasolinera de mi tío de camino a casa, de llenar el tanque con gasolina Atlantic Richfield, y de darle a mi tío un ejemplar gratuito de su periódico.

Y así fue como mi tío descubrió que yo seguía con vida: por la enloquecida probabilidad de un editor que le dejó un ejemplar específico, un viernes específico, en donde mi nombre se incluía en una lista de sobrevivientes de campos de concentración.

Cuando llegué a Los Ángeles no tardé en enterarme que administrar una gasolinera no era una gran manera de ganarse la vida. Mi tío no era el dueño; los operadores como él tenían que rentar las estaciones de las grandes petroleras. Atlantic Richfield lo controlaba todo.

Mi tío Herbert solo ganaba tres o cuatro centavos por cada galón de gasolina. Debía limitarse a vender aceite Penzoil y llantas Goodyear. Para obtener algo más de dinero, ofrecía servicios a los autos de sus clientes: reparaciones, cambios de aceite, lubricación del chasís, cambio de llantas, sustitución de limpiadores de parabrisas y de balatas. El dinero que generaba por su mano de obra y las pequeñas ganancias que sacaba de las refacciones era suyo.

La gasolinera de mi tío no se encontraba bien ubicada. Wilshire Boulevard es una calle muy transitada en esta enorme y ajetreada ciudad, pero no era un sitio en el que viviera mucha gente, de modo que las diferentes personas iban muy de prisa hacia y desde sus trabajos cuando pasaban por la gasolinera, por lo que no estaban dispuestas a detenerse para darle servicio a sus coches.

Era una vida complicada. Mis nuevos padres adoptivos se vieron obligados a pedir dinero prestado para depositar una fianza y demostrar ante Gobierno que tenían los recursos suficientes para cuidar de mí y evitar que me convirtiera en una carga para el sistema nacional. Después, tuvieron que pagar ese dinero, mes a mes, además de lo que costaba sobrevivir en ese entonces.

* * *

Mi nueva familia jamás tenía el dinero suficiente como para salir y hacer muchas cosas, fuera de quedarnos en casa e ir a trabajar. En cierto momento, ahorré el dinero suficiente para llevar a mis padres adoptivos a San Diego y quedarnos en el Hotel Coronado. También los llevé a un viaje al lago Tahoe, en las montañas, en el límite entre California y Nevada. Sin embargo, esas fueron ocasiones muy inusuales y, por tanto, especiales.

Mis tíos vivían en una casa rentada en Hollywood; un minúsculo búngalo californiano de un solo piso. Tenían una sola recámara y, al igual que antes y en mis diversos viajes, tuve que dormir en la sala, en un sofá cama que debía preparar cada noche.

Y así dormí noche tras noche desde 1946 hasta bien entrados los años cincuenta.

Claro que tuve que ir a la escuela. Y dado que no había ido a una escuela desde 1935, debía estudiar mucho para ponerme al corriente. De entrada, no hablaba ni una palabra de inglés; alemán sí... yidis también y un poquitín de polaco, pero nada en inglés que fuera más complicado que «*Hello*» y «*Goodbye*».

Después de la guerra, había miles de chicos que estaban llegando a la ciudad; personas desplazadas del mundo entero que tenían que recibir educación en Los Ángeles. Para hacer que las cosas fueran más sencillas, nos asignaron a todos los muchachos extranjeros a la Belmont High School. Allí, podían darnos tres horas de clases de inglés para que tuviéramos al menos una oportunidad de ponernos al corriente con todos los demás estudiantes nativos de California.

Desde la casa en Hollywood, a diario tenía que tomar el tranvía que corría por el Beverly Boulevard hasta la escuela. Por suerte, esta se ubicaba como a cinco o seis cuadras de la gasolinera de mi tío.

Después de clases, caminaba a la estación de gasolina y trabajaba todos los días desde las 3:30 de la tarde hasta la medianoche. Mi tío me enseñó a administrar la gasolinera, a vender la gasolina y a llevar la contabilidad, además de hacer algunas de las reparaciones y servicios más básicos para sus clientes. Todas las noches, cuando terminaba mi turno, pasaba a recogerme. A veces, llegaba temprano y se quedaba conmigo después de la cena para hacerme compañía y para que pudiera hacer mi tarea en las oficinas de la gasolinera.

Esto le permitía ahorrar el dinero que hubiera gastado para contratar a otra persona que se hiciera cargo de la gasolinera cuando él no estaba, con lo que tuve la oportunidad de enriquecer la vida de mis tíos, aunque fuera un poco, para retribuirles el enorme amor y apoyo que me daban. Se sentía bien saber que estaba contribuyendo algo a cambio de todos los sacrificios que hicieron para darme acogida y para criarme, y por todo el dinero que gastaron para darme una nueva vida.

Después de algunos años, mi tío Herbert ahorró el dinero suficiente para que nos mudáramos a una casa más grande y agradable en la calle Genesse en Hollywood. Tuve una recámara solo para mí y mi propia cama personal, con marco de madera, base de resortes, colchón y todo lo demás. Fue la primera vez que tuve una cama propia desde 1935. Parecerá una minucia, pero en ese momento significó muchísimo para mí. Ya era una persona real, que merecía una cama real, al igual que el resto del mundo.

Y así es como viví durante diez años, trabajando en la gasolinera de mi tío todas las noches, a lo largo de mi educación preparatoria y también universitaria. Me llevó diez años transformarme de un refugiado y flacucho judío alemán en un californiano real.

Mi tía insistió en que tenía que trabajar mucho, ir a una buena universidad y encontrar una profesión donde pudiera utilizar mi cerebro. No quería que perdiera la oportunidad que se me había dado por vivir en EUA y en California.

—Si ya llegaste hasta aquí y sobreviviste a todo lo que te pasó, tienes que hacer algo especial con los dones que se te dieron —me dijo.

Mi tía no quería que terminara como mi tío, por más maravilloso que fuera como hombre; no quería que me ganara la vida con cambios de aceite, rotaciones de llantas y llegando a casa todas las noches lleno de grasa y aceite negro bajo las uñas.

No tuvo que hacer mucho para convencerme. Mientras muchos de los chicos con los que estudiaba estaban distraídos con tener sus propios autos, perseguir chicas, beber cerveza y pasársela bien, yo tomaba las cosas un poco más en serio.

Muchos de los chicos que conocía, más que nada otros sobrevivientes judíos europeos que llegaron a California después de la guerra igual que yo, parecían perderse en sus vidas y deseos presentes, sin preocuparse demasiado acerca de sus futuros. No estaban tan interesados como yo en sus estudios y en construirse una vida. Y supongo que no podría culpárseles. Venían de haber tenido muy poco y, en muchos casos, llegaron con menos que nada. Querían vivir sus vidas en ese momento, a toda máquina. Querían divertirse, volverse un poco locos, tener novias, casarse y tener hijos de inmediato.

Pero después de todo el caos por el que pasé, supongo que estaba decidido a convertirme en el amo de mi propio destino desde ahí en adelante. Como yo lo veía, ya había sido pobre, ya me había muerto de hambre y ya había estado sujeto a los caprichos de algunas personas muy malas. Desde ese momento, quería ser quien dirigiera mi propia vida. Si había cualquier posibilidad de lograrlo, quería que mi historia tuviera un final feliz.

No tenía tiempo que perder. Me gradué en dos años y medio de la Belmont High, que hasta la fecha sigue en el mismo sitio, en parte porque llegué a mediados del año escolar de 1946. Me gradué con el 3% superior de mi generación. Claro que no me hizo ningún daño que ya tuviera 18 años cuando empecé, en lugar de los habituales 14 o 15. Al graduarme, ya tenía 21 años, por lo que era bastante más maduro que la mayoría de los demás chicos de mi generación. También me concentré mucho en renunciar a algunos de los placeres sociales que distrajeron a algunos de mis compañeros de escuela.

Pero ya que había logrado esto, aprender inglés y graduarme de la preparatoria con excelentes calificaciones, ¿qué demonios iba a hacer durante el resto de mi vida?

Henry Oster, la tía Bertha Haas y el tío Herbert Haas, Los Ángeles, 1946.
Foto: Henry Oster Archive.

55

BIENVENIDOS A WESTWOOD

DECIDÍ HACER mis estudios universitarios en la Universidad de California en Los Ángeles… o, más bien, mis circunstancias lo decidieron por mí. Todavía no teníamos mucho dinero, por lo que necesitaba estudiar en algún sitio lo bastante cercano como para continuar trabajando en la gasolinera de mi tío. Él me necesitaba allí y esa era la única manera que yo tenía para ganar un poco de dinero y financiar mis estudios universitarios.

A diferencia de algunas de las universidades particulares más exclusivas y prestigiosas de la ciudad, la UCLA era más o menos económica; además, era muy tolerante con los estudiantes extranjeros de todas las razas y no se fijaban en los antecedentes. Tal como siguen haciéndolo hasta el día de hoy, personas de todo el mundo venían a California para estudiar en la UCLA. Además, había muchos chicos judíos como yo, refugiados y sobrevivientes, de manera que no tendría dificultades para hacer amigos con quienes tuviera mucho en común.

La UCLA no fue fácil para mí. Uno de los maestros de inglés me dijo que me presentara en sus oficinas porque, como me dijo, «No puedo aprobarte con el tipo de errores que estás cometiendo con el idioma».

Hacía tantísimas correcciones en tinta roja sobre mis trabajos que, cuando me los regresaba, se asemejaban a los postes rojos y blancos de los barberos. Traté de explicarle mi situación, pero me interrumpió.

—Hablas con acento. ¿Qué no naciste aquí? —me preguntó.

—No —le respondí—, solo he estado aquí desde 1946.

Me miró durante unos momentos.

—¿Y por qué no me lo dijiste? —preguntó—. No puedes aprender inglés como segundo idioma con esa velocidad cuando todos los demás estudiantes llevan hablándolo desde el día en que nacieron.

Acordó brindarme atención especial y ajustar un poco mis calificaciones en consideración al breve tiempo que llevaba escuchando, y menos aún, hablando este nuevo idioma.

¿Pero qué quería ser? En alguna parte de mi mente pensaba que todavía quería ser comediante, pero no era una meta realista. Hablaba con acento alemán, que no era una gran referencia para producir material cómico después de la Segunda Guerra Mundial. Y mis antecedentes... bueno, hablar acerca de mis experiencias como sobreviviente del Holocausto no parecía ser eficaz para generar risas noche tras noche.

Durante esa época, estaba pasando mucho tiempo en el dentista. La desnutrición que padecí arruinó el desarrollo de mi dentadura: mis dientes y mis encías no tenían el mismo tamaño, de modo que, al principio, pareció que terminaría usando dentaduras en lugar de tener mis propios dientes.

Sin embargo, encontré a un dentista fabuloso que tomó mi caso como un reto. Iba dos o tres veces por semana para que rehabilitara mis dientes de la mejor manera posible. Al final de cuentas, mi dentadura quedó bien y sigo conservándola 68 años después. Mi dentista y yo nos llegamos a conocer muy bien y me pareció una manera interesante de ganarme la vida, así que decidí tomar un curso propedéutico en la UCLA para obtener la educación y las credenciales que necesitaría para estudiar Odontología.

En algún momento dado, me fue posible comprar mi primer coche; un sedán Ford de 1936 de segunda mano con techo suave. No era convertible, pero el techo era de tela y no de metal. Ese estúpido techo goteaba tanto que cada vez que llovía caía agua sobre mi cabeza, mis papeles y mis libros.

Mi tío tenía muchas oportunidades de comprar autos usados a buenos precios; era frecuente que llegaran clientes que estaban tratando de deshacerse de sus coches viejos con la intención de comprar uno nuevo y mejor. De modo que antes de que pasara mucho tiempo, vendimos el Ford y me compré un bonito convertible Chevy de 1939; uno azul que, incluso, coincidía con los colores escolares de la UCLA.

Graduación de preparatoria, Belmont High.
Foto: Henry Oster Archive.

Cuando no estaba en la universidad, estaba trabajando en la gasolinera, excepto por las tardes del sábado. Esos días, mi tío contrataba a un trabajador de medio tiempo para que yo pudiera ir a los juegos de futbol de la UCLA, como cualquier otro ciudadano estadounidense despreocupado y empeñado en divertirse.

Mis amigos y yo nos metíamos de lleno a los juegos. Adornábamos el Chevy con banderolas, listones y borlas color azul y amarillo, y cada que la UCLA ganaba algún juego, nos paseábamos por todo Westwood y por el campus gritando y tocando la bocina.

Ahora parece tonto y pueril, y lo era. Pero pensaba que me había ganado el derecho de portarme de manera infantil, aunque fuera de vez en cuando. La mayoría de los estudiantes de la UCLA que me rodeaban disfrutaron de infancias seguras y protegidas. La mayoría tenía a sus padres en casa y familias enteras que les brindaron apoyo durante su vida entera. Yo nunca tuve una infancia, de modo que día a día rescataba pequeños trozos de ella mientras me transformaba de un flacucho y torpe adolescente que hablaba mal inglés y tenía los dientes chuecos a un hombre estadounidense hecho y derecho.

Henry Oster y Herbert Haas en la gasolinera Atlantic Richfield del tío Herbert, en Wilshire Boulevard, Los Ángeles. Foto: Henry Oster Archive.

Cuando llegué a Nueva York en 1946, cambié mi nombre de manera extraoficial de Heinz Adolf Oster al más estadounidense «Henry Oster». No quería que se me conociera como un tipo de cátsup, porque siempre que un estadounidense dice «Heinz» es lo único en lo que puede pensar. «Henry» es la versión en inglés de «Heinz».

Mi abuelo paterno se llamaba Adolf, por esa razón obtuve mi segundo nombre. Más de una vez recibí golpes de los nazis a los que no les agradaba que mi nombre oficial según ellos, Heinz Adolf Israel Oster, tuviera el «Adolf» y el «Israel» tan cerca uno del otro. Fue fácil deshacerme de ese nombre. En consecuencia, en 1951, cuando empezaba mis estudios en la UCLA, me convertí en ciudadano estadounidense: Henry Oster, universitario estadounidense de excelencia.

La UCLA fue igual de complicada que la preparatoria. Seguía trabajando cuarenta horas semanales en la gasolinera de mi tío, que para entonces se había transformado en una estación Mobil en la esquina de la avenida Selma y la calle Vine, una sola cuadra al sur de la famosa esquina de Hollywood y Vine.

La UCLA fue desafiante, pero era una escuela muy justa. Jamás tuve la impresión de que se discriminara porque era de un país extranjero, porque tenía un acento alemán o porque fuera judío. Era una institución maravillosa con una actitud positiva y tolerante, y con una comunidad docente y estudiantil diversa e interesante; recibí todas las oportunidades que hubiera podido desear.

Como era tres años mayor que casi todos mis compañeros y por el hecho de que tenía que afeitarme cada mañana, algunas de las chicas con las que estudiaba consideraban que era un poco más atractivo que los demás muchachos. Supongo que podría decirse que despedía una vibra más misteriosa y continental. Pero en realidad no tenía tiempo de meterme con chicas, ni siquiera para ir al cine. En esencia, me mantenía viendo al piso y trabajaba como loco para generar una vida segura y protegida para mí mismo y para mi familia.

Me sentía muy agradecido de estar allí. Aunque parecía imposible, estaba haciendo mis estudios universitarios en California; allí donde el resto del mundo quería estar.

Henry Oster, ciudadano estadounidense
y pez no tan gordo de la universidad.
Foto: Henry Oster Archive.

56

LO SENTIMOS. DEMASIADO JUDÍO

CUANDO ME GRADUÉ DE LA UCLA, decidí que quería estudiar en la escuela de Odontología de la USC, la Universidad del Sur de California, decisión que me costó trabajo tomar como estudiante férreo de la UCLA.

La USC y la UCLA son legendarios rivales, y ganar el juego de futbol anual entre ambas instituciones le daba derecho al ganador de presumirlo durante el resto del año.

El problema era que la UCLA no tenía un programa de Odontología. La escuela pública de California más cercana con un buen programa de estudios en la materia era la Universidad de California en Berkeley, muy al norte, cerca de Oakland. Por otro lado, la USC estaba lo bastante cerca de Hollywood como para que pudiera seguir viviendo con mi tía Bertha y mi tío Herbert, y la colegiatura era lo bastante baja como para lograr costearla. Así que me preparé para asistir a esa universidad.

Reuní las transcripciones de mis calificaciones en la UCLA e hice mi solicitud para entrar a la USC. Aprobé todas las pruebas necesarias para lograrlo.

En una de ellas, tuve que tallar una escultura en un trozo de gis para mostrarles a los examinadores que contaba con la destreza manual de todo buen dentista. Cuando entregué la pequeña figurita para que el examinador la envolviera y empacara con cuidado, al tonto se le cayó de las manos y se destruyó por completo. Se disculpó muchísimo e hizo una anotación acerca de que había dejado caer mi obra de arte y que había estado en excelentes condiciones antes de que le pusiera sus torpes manos encima.

Al principio, todo parecía estar marchando de maravilla. Me habían tratado con amabilidad y tenía una entrevista con el presidente del comité de admisiones, un tal doctor Rutherford. Antes de la entrevista hablé con nuestro amigo de familia, el dueño del *B'nai B'rith Messenger*, el periódico judío que de origen alertó a mi tío Herbert que yo seguía con vida en Francia después de la guerra.

Un día, cuando se detuvo en la gasolinera, me dijo que entrar a la USC iba a ser difícil dado que se les estaba dando prioridad a todos los veteranos de la Segunda Guerra Mundial y a los excombatientes de la Guerra de Corea al término de su servicio.

Pero tenía un plan. Me dijo: «Si pudieras hacer alguna donación», es decir, un regalo de dinero o propiedades, al mismo tiempo que entregues tu solicitud, sin duda lograrás entrar».

El problema era que no teníamos dinero en absoluto. Ya de por sí estaba estudiando y trabajando en una estación de gasolina, por el amor de Dios.

Hizo algunas indagatorias en la USC. «Te voy a decir lo que tienes que hacer», me dijo. «Puedes comprar un aparato de televisión y donarlo como regalo a un caballero, el doctor Rutherford, que es el presidente de la junta de admisiones. Eso podría aumentar tus posibilidades para ingresar».

En aquel entonces, las televisiones eran cosas inusuales y maravillosas, un poco como la radio que tuvo mi familia por allá de 1933, y eran muy caras. Yo no tenía una; pasarían años antes de que pudiera costearme una para mí mismo. Costaban casi lo mismo de lo que cuestan en la actualidad. Compré una por alrededor de 250 dólares; más o menos lo que ahora pagaría en Walmart por una pantalla plana de tamaño pequeño. Pero en ese entonces, el dólar valía cerca de diez veces más que su valor actual, de modo que tuve que pagar el equivalente a casi 2 500 dólares. Y créanme, esa era una cantidad que para nada tenía de sobra.

De todas maneras, hice de tripas corazón y le envié la televisión recién comprada al famoso doctor Rutherford... y nunca oí nada al respecto. No reconocieron que hubiera llegado y no hubo gesto alguno de aprecio por el regalo.

Cuando al fin llegó el día de mi entrevista, el doctor Rutherford me dijo: «Sabes, estoy seguro que habrás oído por los rumores de que es raro que aceptemos a alguien el primer año en que hace su solicitud de ingreso; tenemos muchísimos estudiantes en espera. Sin embargo, como ya lo hiciste y cumpliste con todos los requisitos, dejaremos tu nombre en la lista de los solicitantes. Lo consideraremos como pendiente y así no tendrás que pasar por todo el proceso de nuevo. Nosotros nos comunicaremos contigo. De entrada, volveremos a considerarte para el año siguiente, pero con la ventaja de que ya estarás casi al principio de la lista, por lo que tendrás muchas mejores oportunidades de que se te acepte».

En algún momento de la entrevista, el doctor Rutherford se puso de pie y se excusó para atender otro asunto. Le eché un vistazo a mis papeles de solicitud que tenía sobre su escritorio. Escrito sobre la portada de estos estaban las palabras: «Judío Alem».

Es decir, «judío alemán».

Eso me dio muy mala espina.

Al momento, ni siquiera se me ocurrió pensarlo; me habían tratado tan bien en todas partes de Estados Unidos y a lo largo de mis años de preparatoria y universidad en California que se me había empezado a olvidar que el antisemitismo seguía siendo un problema. En otras palabras, fui muy ingenuo.

De origen, la USC fue una universidad cristiana metodista con una añeja reputación de no aceptar estudiantes judíos. El rumor era que antes de la guerra, la USC había tenido un *numerus clausus*, o programa de cuotas, muy específico: cada año aceptaban a un estudiante judío en Medicina, uno en Odontología y uno en Leyes.

No tenía la más mínima idea de que el presidente de la USC hasta 1947, Rufus Bernhard von KleinSmid, fuera cofundador de la

Asociación para la Mejora Humana. Este grupo proponía las mismas enloquecidas políticas de eugenesia y esterilización forzada que los nazis utilizaron como bases «científicas» para segregar, esterilizar y, al final, exterminar a las personas con enfermedades mentales, a los homosexuales y a los gitanos; ni qué decir de los millones de rusos y seis millones de personas pertenecientes a mi propio pueblo judío, incluidos la mayoría de mi familia y, por poco, yo mismo.

Las torcidas teorías de Von KleinSmid y sus colegas influyeron a más de treinta estados de la Unión Americana, incluyendo a California, para legalizar la esterilización forzada de los «débiles mentales» y los «dementes».

Como ya detallé antes, se esterilizó a más de 60 000 personas a causa de dichas leyes, un tercio de las realizadas en California.

«La aplicación de los principios de la eugenesia a la sociedad organizada es uno de los deberes de mayor importancia del científico social de la presente generación», escribió Von KleinSmid en un artículo de 1913 que presentó frente a la Academia de la Ciencia de Cincinnati. «No podemos más que coincidir con el hecho de que todos aquellos que, a causa de la naturaleza de su caso, poco pueden hacer más que transmitirles a sus crías los defectos que los convierten a ellos mismos en una carga para la sociedad, no tienen ningún derecho ético a reproducirse».

Todavía en 2014, el sitio web de la USC contenía una línea de tiempo histórica que incluía al doctor Von KleinSmid, «afectuosamente conocido como el doctor Von», quien se convirtió en presidente de la Universidad en 1921. Lo fue hasta 1947, apenas seis años antes de que yo hiciera mi solicitud al programa de odontología de la USC.

Von KleinSmid no estaba solo en sus teorías insensatas y, en última instancia, genocidas. David Starr Jordan, el primer presidente de la Universidad de Stanford, Harry Chandler, editor de *Los Angeles Times* y Robert A. Millikan, físico galardonado con el Premio Nobel, también fueron miembros de la Asociación para la Mejora Humana y partícipes de su obsesión con la eugenesia. Estas ideas contagiosas sobre que algunas personas son inherentemente inferiores a otras son las que utilizó Adolfo Hitler para darle un sustento pseudocientífico a sus esfuerzos por asesinar a millones y millones de seres humanos inocentes.

Sin embargo, yo no estaba enterado de nada de ello cuando intentaba encontrar un lugar en la escuela de Odontología de la USC. Lo único que sabía era lo que el doctor Rutherford me dijo, que me considerarían de manera favorable para ser aceptado el año siguiente.

Más o menos por julio de ese año, empecé a preocuparme un poco. Por lo general, las aceptaciones a la universidad salían entre mayo y junio, pero ya estábamos en pleno verano y aún no había oído nada.

Hice otra cita con el doctor Rutherford y, pronto me fue evidente que no tenía ninguna intención de aceptarme, sin importarle lo que había acordado el año anterior. Me miró directo a los ojos y me dijo: «Bueno, Henry, pero es que no volviste a presentar tu solicitud».

—No —le contesté—, porque la verdad es que confié en usted. Usted me dijo que me dejaría «pendiente» junto con los solicitantes del año anterior.

—Bueno —me respondió—, pero de todos modos tenías que haber hecho una nueva solicitud.

Sabía que me había tomado el pelo. Estaba más enojado de lo que podía expresar, además de muy decepcionado. Me esforcé tanto y pasé por todas esas pruebas y exámenes solo para darme cuenta de que no había manera de que la USC permitiera que yo, un judío, entrara a su programa de Odontología.

Salí furioso de las instalaciones de la USC, caminé por el Jefferson Boulevard a la Universidad de Optometría de California del Sur y solicité mi ingreso ese mismo día.

Esa universidad no está conectada ni asociada con la USC en absoluto, muy a pesar de que sus nombres se parecen. Es una organización por completo diferente y debo decir que me trataron muchísimo mejor de lo que jamás hizo la USC.

En realidad, en ese momento, ni siquiera sabía lo que era la optometría. Jamás usé lentes y nunca me habían examinado los ojos en mi vida. Sin embargo, tenía un amigo en la UCLA que me comentó que, después de que se graduara, estudiaría ahí para convertirse en optometrista. Así que me dije: «Bueno, ese tipo es muy inteligente y si él quiere ser optometrista, quizá yo quiera serlo también. ¿Qué puedo perder?».

Entré por la puerta, tomé una solicitud y la llené.

Tres semanas después, me aceptaron como estudiante de Optometría. Tendrán que disculpar la terrible broma, pero jamás miré atrás después de mi decisión. Me gradué, me convertí en profesor de Optometría en la misma institución, tuve mi propio consultorio como optometrista durante 56 años y seguí trabajando dentro del sistema de salud de Kaiser Permanente hasta 2014.

En Alemania, durante la guerra, los nazis siempre se aseguraban de quitarles sus lentes a los prisioneros de los campos de concentración para que estuvieran un poco más desamparados y en menores probabilidades de rebelarse o escapar, de modo que siempre me pareció un poco irónico que pasara mi vida como optometrista, ayudando a miles y miles de personas a mejorar sus vidas un poco. A ayudarlas a ver a sus seres queridos, a jugar deportes, a aprender de libros, a observar las grandes obras de arte, a experimentar películas inspiradoras y maravillosas obras de teatro, y a contemplar las maravillas naturales del increíble planeta en el que vivimos.

En nuestro tiempo libre, a mi esposa Susan y a mí nos gusta viajar lo más que podemos. Uno de nuestros destinos favoritos es Las Vegas. Me gusta apostar un poco en algunos juegos de póquer o, de vez en cuando, en algún tragamonedas. Después de la vida que he llevado, de dónde empecé, de lo que yo y mi familia pasamos y de dónde terminé, sigo sorprendido de mi capacidad para divertirme a diario, de despertarme para experimentar la alegría de vivir después de todos estos años. No puedo más que pensar que soy un poco afortunado.

57

REGRESO A ALEMANIA

Cuando en 1945 abandoné Alemania en el tren a Francia, me juré que jamás volvería a poner pie en ese país durante el tiempo que me quedara de vida. Cumplí esa promesa durante casi setenta años. Hubo un momento en el que, mientras volaba a otro país de Europa, me vi obligado a hacer una breve parada en el aeropuerto de Frankfurt, Alemania. Bromeé con mis amigos y familiares que intenté flotar sobre el piso caminando de puntitas mientras esperaba el siguiente vuelo que me sacara del país.

Después, apenas hace algunos años, el primo de mi esposa Susan estaba viendo un mapa de Colonia, Alemania, el lugar donde nací y del que era originario, en su computadora. Estaba utilizando una aplicación web llamada OpenStreet Map; una especie de mezcla entre Google Maps y Wikipedia que muestra información ofrecida por diferentes personas sobre un mapa navegable del planeta. Me llamó para que mirara un montón de puntos anaranjados esparcidos por toda la ciudad. Nos enteramos de que eran la localización de pequeñas piedras cubiertas en bronce a las que llaman *Stolpersteine* o «piedras de tropiezo» incrustadas en las aceras.

Un artista de Colonia, llamado Gunter Demnig, creó un proyecto continuo diseñado para recordarles a los alemanes lo que hicieron, y para conmemorar a las víctimas inocentes del Holocausto, incrustando estas piedras cubiertas de bronce frente a la última residencia de donde se llevaron a cada víctima. La idea original de las «piedras de tropiezo» se tomó de la antigua costumbre antisemítica alemana de decir, «Debe haber un judío enterrado aquí» siempre que alguien se tropezaba con alguna piedra. Es un chiste cruel e intolerante acerca de que todos los judíos tienen narices grandes, y una manera de decir: «Si es algo que ocasiona molestias, un judío debe ser el causante».

Al colocar las piedras de tal forma que sobresalgan de la acera circundante, para que, de hecho, uno se tropiece con ellas, Demnig le dio vuelta a la costumbre. La convirtió de un dicho terrible a un recordatorio constante de la culpa y responsabilidad de los alemanes; y en un tributo constante y permanente de lo que los alemanes les hicieron a los judíos y a las otras minorías a las que persiguieron.

El monumento* Stolpersteine, *las «Piedras de tropiezo» de Hans Isidor Oster y de Elizabeth Haas Oster, los padres de Henry Oster, frente al 15 de la Blumenthalstrasse en Colonia, Alemania.
Foto: Museo NSDOK, ciudad de Colonia.

Nos enteramos de que habían conmemorado a mis padres con sus *Stolpersteine* frente a nuestro último departamento de Colonia, en el número 15 de la Blumenthalstrasse.

Descubrir que alguien, y un alemán, por cierto, se había esforzado por crear un monumento que conmemorara a mi madre y a mi padre fue una experiencia profunda y alteradora. Trajo todo de vuelta a mi mente: recuerdos de mi familia, de mi hogar, de mis familiares y de todos los horrores por los que atravesamos cayeron sobre mí como una ola que se quebraba en la playa Sunset.

Me sentí muy agradecido con Gunter Demnig y con las personas del museo de Colonia que lo ayudaron a descubrir y documentar las historias de todas las víctimas, judías o no, a las que sacaron a rastras de sus hogares para asesinarlas.

Sin embargo, yo tenía algunas sugerencias; algo que no sorprendió a mi amigo y coautor, Dexter, ni a mi esposa, Susan.

Las piedras para mis padres se colocaron frente al edificio de departamentos en el que nos obligaron a vivir después de que los nazis ascendieron al poder. Para mí, ese sitio no era mi hogar. Más bien, se sentía como la primera prisión a la que nos obligaron a ir, al principio de toda la locura. Si de mí dependiera, querría que el monumento a mis padres se colocara frente a nuestro hogar verdadero, el número 12 de la Brabanterstrasse.

También noté que los datos de la lápida de mi madre no eran del todo correctos. Dicen que la asesinaron junto con mi padre en Łódź, que era lo que cualquiera, excepto por mí, claro, sabía acerca de lo que le sucedió. La muerte de mi padre formaba parte de los expedientes del hospital del gueto de Łódź, pero los alemanes no registraron que nos habían llevado a ella y a mí de Łódź a Auschwitz. Y, por supuesto, no dejaron registro alguno de lo que le sucedió en esa primera noche en Birkenau; hasta donde la humanidad podía saberlo, era como si se la hubiera llevado el viento.

Envié un correo electrónico al museo, al Centro de Documentación Nacional Socialista de la ciudad de Colonia, o NSDOK (por sus siglas en alemán), para tratar de corregir la información relacionada con lo que nos pasó a mis padres y a mí. Fue algo raro: me estaba tratando de comunicar a los alemanes lo que Alemania le había hecho a mi familia.

Recibí una llamada de la doctora Karola Fings, una maravillosa investigadora, autora e historiadora que ha dedicado su carrera entera a descubrir exactamente lo que sucedió durante esos años oscuros y a educar a los alemanes y al resto del mundo. Empecé a comprender que la Alemania que conocí, esa Alemania que ocasionó tanta muerte, horror y devastación, no era la Alemania de la actualidad.

El trabajo de la doctora Fings y de todos sus colegas se basa en un sencillo principio: la única manera en que la humanidad podrá evitar que vuelva a suceder un horror como el del Holocausto es obligándonos a ver sin parpadear todo lo que sucedió con exactitud y comprender cómo llegó a ocurrir lo que ahora nos parece impensable e inimaginable. Si desviamos la mirada, si como especie nos permitimos tomar el camino fácil, permitir que olvidemos y que desaparezcan las lecciones del pasado, estaremos condenados a repetirlos.

La doctora Fings estaba muy interesada en mi historia. Mis propios recuerdos de mis experiencias durante el Holocausto, y mi conocimiento de lo que nos sucedió a mis padres y a mí, eran importantes para sus incesantes investigaciones. Logré atar muchos cabos para ella y estuve más que gustoso de compartir lo que pude para ayudarla en sus esfuerzos por documentar y entender lo que sucedió en Colonia y lo que les pasó a los 2 011 judíos que se llevaron de Colonia a Łódź.

Nos hicimos amigos, hasta donde es posible por medio de correos y telefonemas. La admiraba por su dedicación a la historia de mi familia; una historia que pensé que solo era mía. Resultó que, en ese momento, solo había dos judíos sobrevivientes de los 2 011 que se llevaron de Colonia a Łódź.

El algún momento durante nuestra correspondencia, Karola me mencionó que el museo NSDOK y la ciudad de Colonia iban a celebrar un evento durante el verano y otoño de 2011; el septuagésimo aniversario de las deportaciones de Colonia a Łódź.

Quería que yo viajara a Alemania, a Colonia, para asistir. Me dijo que incluso podía arreglar que la ciudad de Colonia nos invitara a Susan y a mí, y que pagara nuestros gastos de viaje. Pensaba que sería importante y significativo que uno de los dos sobrevivientes reales de los transportes de Colonia, y del gueto de Łódź, estuviera presente y diera testimonio de lo que sucedió, honrando el recuerdo de quienes no pudieron sobrevivir para contarle al mundo lo que tuvieron que soportar. De entre los 2 011 judíos que los nazis se llevaron de Colonia, solo veintitrés sobrevivieron a la guerra, me contó. Y de esos veintitrés, después de todos los años que pasaron, yo era el único que podía asistir a la conmemoración.

La idea de regresar a Alemania me aterraba. Me parecía una propuesta terrible; regresar, apretando los dientes, al país que me tildó de virus y que se dedicó a mi exterminio.

Sin embargo, en el espíritu de contar mi historia, cosa que ya estaba haciendo una vez al mes en el Museo de la Tolerancia de Los Ángeles desde 1977, al final decidí que iría.

Fue una experiencia conmovedora, emotiva y transformadora. La doctora Fings sacó la alfombra roja para Susan, su hermana, su cuñado y para mí. Nos llevó por toda Colonia e incluso a ver las *Stolpersteine* de mis padres frente al viejo departamento del 15 de la Blumenthalstrasse.

Por supuesto, ni mi padre ni mi madre contaban con una lápida. Al igual que los millones de sus congéneres judíos, simplemente desaparecieron de la faz de la tierra a manos de los nazis. Pero, en ese instante, sentí que tenía un sitio al que ir para percibir sus almas y para estar con ellos.

«Estoy seguro de que se sentirían reconfortados», pensé, «sabiendo que, aunque ellos y casi el resto de nuestra familia, no sobrevivió los asesinatos y el horror, su hijo sí logró hacerlo. Y saber que casi todos sus atormentadores ya están muertos y desaparecidos, a pesar de sus esfuerzos depravados y malévolos. Y, sin embargo, aquí estoy yo, todavía vivo y haciendo honor a su memoria».

Tocamos a la puerta del viejo departamento. Una anciana se asomó de detrás de las cortinas, pero se negó a abrir la puerta. Sin duda se sintió demasiado temerosa e insegura por quiénes éramos y de lo que queríamos como para permitirnos ingresar a su vida, aunque fuera por solo algunos momentos.

Sin embargo, nos escuchó la pareja que vivía en el piso siguiente, abrieron su puerta y nos invitaron a pasar. Nos dieron la bienvenida a su hogar, que era como la copia al carbón de la vieja casa de abajo. Escucharon nuestra historia y se sorprendieron al descubrir esta antigua y brutal historia de su edificio de departamentos, de su calle, de su ciudad y de su pueblo. No pudieron ser más amables.

Como parte del evento del 70 aniversario, me pidieron que hablara en la recepción oficial del Jürgen Roters, el alcalde de Colonia, frente a una multitud de invitados, que incluyeron al cónsul general de Estados Unidos, a diversos diplomáticos extranjeros, y a algunos de los colegas de Karola del museo NSDOK.

Esto es lo que dije, traducido al inglés de mi anticuado alemán de la década de 1930.

«Honorable alcalde Roters e invitados,

Primero, discúlpenme por hablar en mi anticuado alemán. Es la primera vez que lo hablo en casi setenta años, y la primera ocasión en la que he dado un discurso en mi lengua materna. En 1945, por razones que sin duda podrán comprender, juré que jamás volvería a poner un pie sobre suelo alemán. Hasta esta visita, cumplí con ese juramento.

Estoy aquí para honrar a mis padres y a los 16 otros miembros de mi familia a los que «reubicaron», es decir, a los que se llevaron a morir, en 1941. Estoy aquí para honrar a los 2 011 judíos de Colonia, de los que soy solo uno de los dos sobrevivientes, que en 1941 trasladaron de este sitio a la muerte, enfermedad e inanición del gueto de Litzmannstatd-Łódź.

Después de Łódź, sobreviví a Birkenau, Auschwitz y Buchenwald. Mi presencia aquí le comprueba al mundo que incluso ahora, setenta largos años después, la eliminación total de los judíos de Colonia no tuvo éxito. La gente que secuestró y asesinó a mis amigos y familiares, y a casi a todas las personas a las que conocí, ya desapareció, pero yo sigo aquí para dirigirme a ustedes el día de hoy.

Cuando se dieron esos terribles sucesos, el mundo no logró comprender cómo un pueblo al parecer civilizado y culto pudiera permitir que se le engañara de manera tan trágica y de forma tan dispuesta. Hemos hecho un fuerte intento, pero aún no logramos comprenderlo al día de hoy. Y, sin duda, podemos estar seguros de que no lograremos comprenderlo en el futuro eterno. Jamás lo entenderemos. Lo único de lo que podemos estar seguros es de que no podemos perdonarlo y que jamás lo debemos olvidar.

Elegí regresar a Colonia después de estos setenta años para asegurarle a la presente generación de alemanes que ya no necesitan cargar con el peso de la culpa y vergüenza de las generaciones anteriores. Los pecados de los padres, aunque sean imperdonables e incomprensibles para nosotros en la actualidad, no deben pesar sobre sus hijos e hijas.

El odio solo genera más odio. La tolerancia debe ser la meta del futuro para la totalidad de la raza humana. La tolerancia debe ser la meta de los agresores del pasado y también debe ser la meta para sus víctimas.

A nombre de mi esposa, de mi familia y de los demás sobrevivientes de Litzmannstatd- Łódź que todavía nos acompañan el día de hoy, les doy las gracias a usted, señor alcalde, y a la ciudad de Colonia, por su amable invitación y hospitalidad».

EPÍLOGO

DESPUÉS DE GRADUARSE DE LA UCLA en 1954, Henry Oster finalizó sus estudios en Optometría y obtuvo un Bachillerato en Ciencias y un Doctorado en Optometría por parte de la Universidad de Optometría de California del Sur en 1957.

Permaneció en la misma institución como profesor asociado desde 1957 hasta 1983.

Fue miembro del personal del Departamento de Optometría del Centro Médico Cedars-Sinai de Los Ángeles por cincuenta años, de 1957 a 2007, y fue Jefe de departamento de 1989 a 2004.

En 2004, a los 75 años, se unió a la fundación Médica Kaiser Permanente como optometrista de planta, donde laboró hasta su retiro en 2014.

También tuvo un consultorio particular de optometría en Beverly Hills, California, por 56 años, desde 1957 hasta 2013.

El doctor Oster fue aceptado como Titular de la Academia Estadounidense de Optometría en 1971. Recibió el premio Vision Service Plan Western U.S. «People First» por sus décadas de trabajo voluntario al ofrecer sus servicios de optometría a personas que no podían costearlos de otra manera.

Se le honró como Miembro Vitalicio de la Asociación Estadounidense de Optometría y de la Asociación Optométrica de California.

Desde 1977, el doctor Oster dio presentaciones mensuales acerca de sus experiencias como sobreviviente del Holocausto en el Museo de Tolerancia/Centro Simon Weisenthal en Los Ángeles, California.

Vivió en Woodland Hills, California, con su esposa Susan Oster. Tuvo cuatro hijastros con ella: sus hijas Lisa y Harriet, y sus hijos David y Andrew, además de seis nietos.

Cuando se retiró a los 86 años, el doctor Oster al fin tuvo tiempo de hacer su actividad favorita en todo el mundo: lo que él llamaba «Pasearme con Susan».

El doctor Oster e Ivar Segalowitz, que también vivió en Estados Unidos después de la guerra, siguieron siendo amigos cercanos hasta el fallecimiento de Ivar en 2014.

Henry fue el último sobreviviente vivo de los 2 011 judíos capturados por los nazis y deportados de manera forzosa de Colonia en el otoño de 1941.

Henry Oster falleció el 17 de marzo de 2019, después de una breve batalla con una variación en extremo nociva de cáncer de pulmón.

ESTIMADO LECTOR

MUCHAS GRACIAS POR LEER nuestro libro. Mi finado esposo, Henry Oster, y yo viajamos por todo Estados Unidos y Europa para que Henry hablara de sus experiencias. Su misión era educar, y compartió su historia en escuelas, museos, universidades, iglesias, sinagogas y grupos juveniles. Comunicarse con las generaciones más jóvenes era de extrema importancia para Henry. Le apasionaba proveerles discernimientos acerca de su propia experiencia y, de manera más esencial, difundir la verdad de las atrocidades que sucedieron. Todos hemos escuchado la frase «nunca más» pronunciada en referencia al Holocausto, y Henry la vivió y respiró a diario, y en la totalidad de su trabajo.

Henry pasó su vida comprometido con crear un mundo más amable y amoroso.

A medida que va desapareciendo la generación de los sobrevivientes del Holocausto, necesitamos que las personas como tú nos ayuden a seguir compartiendo estas poderosas narraciones de primera mano, como la de Henry. Si te conmovió leer *El chico del establo de Auschwitz*, te agradeceríamos que escribieras una reseña del libro. Ayudará a que otras personas también descubran la historia de Henry.

En amoroso recuerdo del doctor Henry Oster, un hombre cuyo vaso SIEMPRE estuvo medio lleno. Gracias.

SUSIE OSTER

RECONOCIMIENTOS

GRACIAS A JUDITH COHEN, Michael Levy y Caroline Waddell de la United States Holocaust Memorial Museum Photo Archives Reference Collection por su generosa ayuda y por las invaluables imágenes que nos proporcionaron. Agradecemos a la Dra. Karola Frings del Centro de Documentación Nacional Socialista de Colonia (NS-DOK), Alemania, por sus investigaciones acerca de la deportación de los judíos de Colonia y por su apoyo en nuestras propias indagatorias para este libro. A mi fallecido hermano, David Kent Ford, quien blandió un afilado lápiz rojo en su edición y que siempre insistió que debía escribir «pastor alemán» en lugar de «Pastor alemán», aunque eso significara que me estuviera refiriendo a una persona alemana que cuida ovejas. A la encantadora esposa de Henry, Susan Oster, nacida en Inglaterra, otra apasionada editora y gramática que aún no se percata de que en EUA escribimos «*realize*» con «z» y no con «s». A Mike Gullickson, un colega escritor que nos ayudó a sortear el laberinto de las publicaciones independientes de nuestra primera edición. Y a mi esposa, Kathy Jane Ford, y a nuestros hijos, Brian Carolus, Christina Carolus y Tiffany Jane (TJ) Ford, quienes me apoyaron y que aguantaron años de que emergiera de la oficina después de cada día de escribir gruñendo como alguna especie de oso malhumorado y lloroso después de pasar otro día emotivo más viviendo en Łódź o Auschwitz o Buchenwald con el joven Henry. Y, por supuesto, todo mi agradecimiento a la fuerza de la naturaleza conocida como Henry

Oster, uno de los seres humanos más importantes a los que jamás conocí.

DEXTER FORD

También nos gustaría agradecer a Claire Bord y al equipo de Thread. Sin ustedes, esta nueva edición de la historia de Henry no habría sido posible.

SUSAN OSTER